和谐校园文化

中学教学案例指南

张 慧 孙 瑶／编著

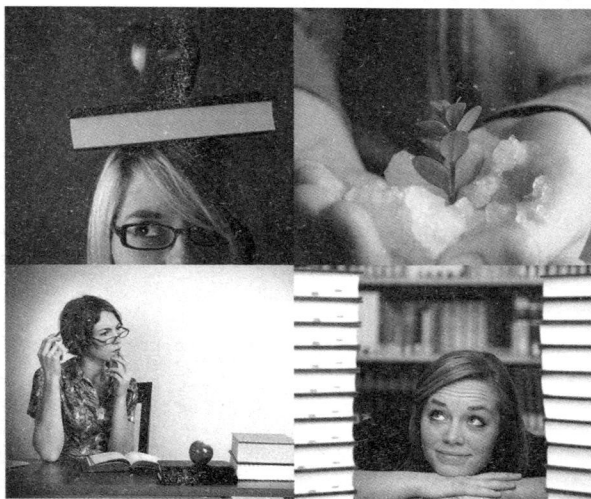

吉林出版集团股份有限公司

吉林教育出版社

图书在版编目(CIP)数据

中学教学案例指南 / 张慧，孙瑶编著. 一 长春：吉林教育出版社，2012.6（2022.10重印）

（和谐校园文化建设读本）

ISBN 978 - 7 - 5383 - 8955 - 5

Ⅰ. ①中… Ⅱ. ①张… ②孙… Ⅲ. ①课程－教案（教育）－中学 Ⅳ. ①G633

中国版本图书馆 CIP 数据核字(2012)第 116053 号

中学教学案例指南

ZHONGXUE JIAOXUE ANLI ZHINAN　　　　　　　　张　慧　孙　瑶　编著

策划编辑 刘　军　潘宏竹	
责任编辑 张　瑜	**装帧设计** 王洪义

出版　吉林出版集团股份有限公司(长春市福祉大路5788号　邮编 130118)
　　　　吉林教育出版社(长春市同志街 1991 号　邮编　130021)

发行　吉林教育出版社

印刷　北京一鑫印务有限责任公司

开本　710 毫米×1000 毫米　1/16　　**印张**　11.5　　**字数**　146千字

版次　2012 年 6 月第 1 版　　　**印次**　2022 年 10 月第 2 次印刷

书号　ISBN 978 - 7 - 5383 - 8955 - 5

定价　39.80 元

编 委 会

总 序

千秋基业，教育为本；源浚流畅，本固枝荣。

什么是校园文化？所谓"文化"是人类所创造的精神财富的总和，如文学、艺术、教育、科学等。而"校园文化"是人类所创造的一切精神财富在校园中的集中体现。"和谐校园文化建设"，贵在和谐，重在建设。

建设和谐的校园文化，就是要改变僵化死板的教学模式，要引导学生走出教室，走进自然，了解社会，感悟人生，逐步读懂人生、自然、社会这三本大书。

深化教育改革，加快教育发展，构建和谐校园文化，"路漫漫其修远兮"，奋斗正未有穷期。和谐校园文化建设的研究课题重大，意义重要，内涵丰富，是教育工作的一个永恒主题。和谐校园文化建设的实施方向正确，重点突出，是教育思想的根本转变和教育运行机制的全面更新。

我们出版的这套《和谐校园文化建设读本》，既有理论上的阐释，又有实践中的总结；既有学科领域的有益探索，又有教学管理方面的经验提炼；既有声情并茂的童年感悟；又有惟妙惟肖的机智幽默；既有古代哲人的至理名言，又有现代大师的谆谆教诲；既有自然科学各个领域的有趣知识；又有社会科学各个方面的启迪与感悟。笔触所及，涵盖了家庭教育、学校教育和社会教育的各个侧面以及教育教学工作的各个环节，全书立意深邃，观念新异，内容翔实，切合实际。

我们深信：广大中小学师生经过不平凡的奋斗历程，必将沐浴着时代的春风，吸吮着改革的甘露，认真地总结过去，正确地审视现在，科学地规划未来，以崭新的姿态向和谐校园文化建设的更高目标迈进。

让和谐校园文化之花灿然怒放！

本书编委会

目 录

第一章　教学案例的基本理论

第一节　背景与定义

案例一词的出现已经有大约 100 年的历史了。使用案例对学生进行职业训练起源于哈佛法学院，大约在 1870 年。到 1910 年所有的居于领衔地位的法学院都使用"案例方法教学"，接着哈佛商学院在第一次世界大战期间和之后采用了该方法。在 20 世纪 30 年代和 40 年代，案例方法已经在商业教育中相当普及，并被广泛用到各领域，但直到 20 世纪 70 年代才逐渐运用到教育领域。随着年代的推移，其他职业领域开始采纳案例教学以满足自己的教学和培训需要，案例方法也被用于自然科学和人文科学教育。在继续教育中，越来越多的教育者认识到，只要掌握了分析案例的方法与技巧，应用案例就可以快速地促进学生专业成长，从他人的经验中进行高效的学习。在许多领域，案例方法、案例教学、案例使用这些词语被当做同义词使用。一般地，案例方法研究的意图是进一步发展职业的智力和行为技能，它是问题取向，主要关心对现实生活经验的"解读"。然而，课堂和职业实践中的"案例方法"的明确定义在不同职业、不同培训和不同教师中是不同的。

在我国教育领域，案例教学等词语的出现较晚，不过发展却异常迅速，全国已经形成了案例开发热潮。对于我们来说，案例教学虽是一个新生事物，理论与实践方面都还有诸多深入研究的必要，对其认识也还有一个逐步深入的过程，但在我国的教师培训中还是有"雏形"可循的（各种各样的公开课、教研会、说课等）。只要加以深入的研究，再对其他国家、其他领域的经验辩证地"借鉴"，我国的"案例实践"定会在教师继续教育乃至师范教育中发挥重大作用,教师教育水平、质量和效能就能得到长足的进步。

"坐而谈不如起而行"！要使案例能真正为我所用,首先切忌"空谈",其次在进行宏观理论研究的同时,开展大量的微观研究,深入到教育教学前沿开展案例实践工作,包括撰写案例、案例教学、用案例进行自我反思的各种活动。这样才能发现我国教育中存在的问题,才能找到一条适合我国自己道路的解决办法,否则理论将越来越难于指导实践,理论和实践的脱节将加剧。

那么,什么是教学案例呢？我们应该对此有一个明确的认识。

1.教学案例是事件:教学案例是对教学过程中的一个实际情境的描述。它讲述的是一个故事,叙述的是这个教学故事的产生、发展的历程,它是对教学现象的动态性的把握。

2.教学案例是含有问题的事件:事件只是案例的基本素材,并不是所有的教学事件都可以成为案例。能够成为案例的事件,必须包含有问题或疑难情境在内,并且也可能包含有解决问题的方法在内。正因为这一点,案例才成为一种独特的研究成果的表现形式。

3.案例是真实而又典型的事件:案例必须是有典型意义的,它必须能给读者带来一定的启示和体会。案例与故事之间的根本区别是:故事是可以杜撰的,而案例是不能杜撰和抄袭的,它所反映的是真实发生的事件,是教学事件的真实再现。是对"当前"课堂中真实发生的实践情景的描述。它不能用"摇摆椅子上杜撰的事实"来替代,也不能用从抽象的、概括化的理论中演绎出来的事实来替代。

第二节　结构与作用

从文章结构上看,案例一般包含以下几个基本的元素。

1.背景

案例需要向读者交代故事发生的有关情况:时间、地点、人物、事情的起因等。如介绍一堂课,就有必要说明这堂课是在什么背景下上的,是一所重点学校还是普通学校,是有经验的优秀教师还是年轻的新教师,是经过准备的"公开课"还是平时的"家常课",等等。背景介绍并不需要面面俱到,重要的是说明故事的发生是否有什么特别的原因或条件。

2.主题

案例要有一个主题。写案例首先要考虑这个案例想反映什么问题,是想强调怎样启发思维,还是介绍如何组织小组讨论等等,动笔前都要有一个比较明确的想法。比如学校开展研究性学习活动,不同的研究课题、研究小组、研究阶段,会面临不同的问题、情境、经历,都有自己的独特性。写作时应该从最有收获、最有启发的角度切入,选择并确立主题。

3.细节

有了主题,写作时就不会有闻必录,而要是对原始材料进行筛选,有针对性地向读者交代特定的内容。比如介绍教师如何指导学生掌握学习方法,就要把学生怎么从"不会学"到"会学"的转折过程,特别是关键性的细节要写清楚。不能把"方法"介绍了一番,说到"掌握"就一笔带过了。

4.结果

一般来说,教案和教学设计只有设想的措施而没有实施的结果,教学实录通常也只记录教学的过程而不介绍教学的效果;而案例则不仅要说明教学的思路、描述教学的过程,还要交代教学的结果,即这种教学措施的即时效果,包括学生的反应和教师的感受等。读者知道了结果,将有助于加深对整个过程的内涵的了解。

5.评析

对于案例所反映的主题和内容,包括教学的指导思想、过程、结果,对其利弊得失,作者要有一定的看法和分析。评析是在记叙基础上的议论,可以进一步揭示事件的意义和价值。比如同样一个学生转化的事例,我们可以从教育学、心理学、社会学等不同的理论角度切入,揭示成功的原因和科学的规律。评析不一定是理论阐述,也可以是就事论事、有感而发,引起人的共鸣,给人以启发。

教学案例的撰写对教师有什么作用呢?

1.促进教师教学反思

撰写教学案例,教师要对教学过程进行真切的回顾,"照镜子""过电影",把自己的教学一览无余地再现,用新的观点进行严格的审视,客观的评价,反复的分析。教学过程中的是非曲直、正确错误,都能由模糊变得清晰。能使教师把某些教学问题认识得比较深刻,解决得比较恰当。利于教师总结成功的经验和失败的教训,看清自己的长处和不足。撰写教学案例的过程,就是重新认识教学事实的过程,就是反思的过程、研究的过程、总结的过程、提高的过程。

2.推动教学理论学习

通常情况下,撰写教学案例,需要运用教学理论对教学案例进行分析。要把案例分析透彻,需要有足够的教学理论支撑。教师往往感到教学理论修养不够,分析教学案例力不从心。这就促使教师带着教学案例的实际问题,深入地学习有关的教学理论。教师这时的学习,是为了解决教学实际问题的学习,有着明确的目的和强烈的愿望,往往能够收到事半功倍的效果。同时,百闻不如一见,教师通过撰写活生生的教学案例学到的教学理论,就不再是抽象的、空洞的、干巴巴的教条;而是非常有用的思想和方法,利于教师内化教学理论知识,提高教学理论水平,用科学的教学理论指导教学实践。

3.总结教改经验

有经验的教师谈起自己的教学经历,都有不少成功的事例和体会,但往往局限于具体的做法,知其然而不知其所以然。案例撰写是对教学实践的反思,从实践中选择适当的实例进行描述和分析,可以更清楚地认识有些做法为什么取得了成功,有些为什么效果不够理想。通过反思、提炼并明确有效的教学行为及其理论依据,从而更有效地指导今后的实践。

案例还是教师记录自己教学生涯的一种很好的形式。在学校和课堂里,有许多值得思考、研究或回味的人和事。有些事情或思考并不适合写成论文,也不想记成流水账,那么撰写案例不失为一种选择。案例不仅叙述了教学行为,也记录了伴随行为而产生的思想、情感及灵感。它是个人的教学档案和教学史,有独特的保存和研究价值。

4.促进教师交流研讨

案例是教学情境的故事,不同的人对故事会有不同的解读,因此案例十分适于用来进行交流和研讨,可以成为教研活动和教师培训的有效载体。教学案例集中反映了教师在教学活动中遇到的问题、矛盾、困惑,以及由此产生的想法、思路、对策等,就这些问题和想法开展交流讨论,对教师提高分析能力和业务水平,是非常有益的。

与撰写论文相比,案例更适合一般教师的需要。案例的内容贴近实际,材料来源丰富,写作形式自由,易于传播交流,更为广大教师喜闻乐见。学校和教师既可以根据教改的实际情况,确定一定阶段内的讨论主题,围绕某个主题或专题收集材料、撰写案例、交流研讨,同时结合有关理论学习和实践反思,使教研活动更具有针对性和实效性。

5.形成教学研究成果

撰写教学论文、课题研究资料,固然是教学研究;撰写教学案例,也是进行教学研究。写成的教学案例、教学论文、课题研究资料,都是教学研究成果。相对而言,教学案例是较小的、单一的教学研究成果,教学论文与课题研究材料是较大的教学研究成果。关于某个专题研究的教学案例,不仅本身是教学研究成果,而且还是撰写教学论文与课题研究材料的很好的素材。这类素材经过加工,具有典型性,采用这样的素材写成的教学论文与课题研究材料,紧密联系实际,内容丰富,有血有肉,生动形象,真实可信,具有说服力和感染力。

6.提高教师专业能力

(1)提高教学实践能力

教师撰写教学案例,是教学实践与教学研究的紧密结合。教师撰写自己的教学案例时,既是行动者,又是研究者。教师既可以通过具体的教学行为的描述和分析,加深对教学理论的理解;又可以通过教学理论的指导,使教学行为科学合理。要写好教学案例,需要把教学案例涉及的问题披露出来,深入分析研究,取得清晰的认识,较好地解决某个问题。教学案例尽管是个别现象,但具有典型性,代表了某种倾向。经常撰写教学案例,就能够敏锐地发现带有倾向性的问题,找出解决同类问题的途径和方法。教学案例还能体现教学规律。典型教学案例深层次的认识积累多了,就能够通过个别看一般,透过现象看本质,真切地感悟教学的规律,建立起一套科学的思维方式,高效的工作方法,良好的工作习惯,使之达到自主化的程度,从而减少教学的盲目性和随意性,提高教学效益,提高教师的教学实践能力。

(2)提高教学研究能力

撰写教学案例,撰写教学论文,撰写课题研究材料,是教师进行教学研究的三个方面,密不可分。撰写教学案例是撰写教学论文、撰写课题研究材料的基础,撰写教学论文是撰写教学案例的提高,撰写课题研究材料则是撰写教学案例的升华。三个方面结合,能够促使教师做到教学行动与教学研究紧密结合,教学理论与教学实践紧密结合,教学经验与教学科学紧密结合。这三个方面,撰写教学案例是非常重要的基础。基础打得牢,教学研究才有可能达到较高水平,因此,撰写教学案例在提高教师教学研究能力中具有十分重要的作用,教师需要充分重视。有了撰写教学案例的基础,就为撰写教学论文,开展课题研究创造了良好的条件,就能使教师的教学研究能力得到较大的提高。

7.提高教师一般能力

(1)提高观察能力

教师撰写教学案例,就要找出很有典型意义的事例。教学事例天天都有,层出不穷,但要从日常纷繁的教学事例中发现典型,并不容易,需要有敏锐的观察能力。撰写教学案例,讲述的教学故事要体现典型、具体、生动、形象、直观等特点,给人身临其境的感觉,教师就必须将有关教学事实形成逼真的表象,也需要进行认真的观察。因此,撰写教学案例,能够促使教师注意观察教学现象,发现教学问题,养成观察的习惯,提高观察的能力。

(2)提高思维能力

运用教学理论的观点解决教学实际问题也是一种重要的研究能力。每个案例都有核心部分和枝节部分,教师要排除枝节部分的干扰,重点把握案例的核心部分,找出核心部分与教学理论的密切联系,就需要运用教学理论的观点,运用分析与综合的方法,提炼出教学案例的主题,解决好教学案例反映的具体问题,探索出解决一般问题的途径,养成凡事用脑思考的良好习惯,掌握运用教学理论指导教学工作的规律,提高教师的思维能力。

(3)提高创新能力

教师写出的教学案例,可能是某项教学研究中的细化了的材料。从教学案例的线索引申开去,思考教学案例反映的教学现象,就有可能产生一些深刻的认识,独到的见解,再来一番去粗取精、去伪存真、由此及彼、由表及里的改造制作,使之带上条理性和科学性,就有可能发现某些教学规律,特别是解决某些教学问题的规律,从而产生某些创新。创新多了,就会提高教师的创新能力。

第三节　方法与标准

撰写教学案例应该遵循哪些方法,或者有什么关键点需要注意呢?

1. 选择一个有冲突的教学事件

一节课下来,觉得要写的事件很多,那么哪一个事件才该选择? 哪一个对于自我发现更有潜力? 案例的性质怎样,是关于教学策略、学生行为还是教学政策方面? 案例的目的是为了增进理解,还是为了职业发展? 尽管没有一个选择是非遵循不可的规则,但下面一些建议对写好一个案例却仍是有益的:事件对你有情感力量吗(心灵是否受到震撼)? 事件呈现的是一个你不能确定怎样解决的进退两难的境地,还是你成功地解决了一个他人可能进退两难的问题? 事件需要你做出困难的选择吗? 事件使得你必须以一种感觉不熟悉的方式或是仍在思考的方式回答吗? 事件暗示一个与道德或道义上相关的问题吗? 如果有冲突的事件满足以上各条,那么你的选择在自我学习、内省和深层次理解方面就可能更加富有成效。

2. 对事件背景进行描述

在描述事件的背景时要考虑:这种情况以前出现过吗? 第一次引起你注意是什么时候? 这以后发生了什么? 接连发生的事件是怎样开始的? 事件发生的上下文(即情境)是什么? 开始的场景中你的反应是什么? 你的反应怎样使事情的发展变得更加顺利或怎样使之恶化? 影响那个事件的心理的、社会的因素是什么? 物质环境因素是什么? 教学因素是什么? 历史因素是什么? 在写案例时,你要为即将发生的事件设置场景,做好铺垫。要注意把重要事件放在它所发生的上下文中,必须考虑事件是在上下文中才得以理解的。

3. 确定事件中的"演员"

每个故事都是因为有了一群活生生的人物、有贡献的角色才得以充实。在案例写作时要考虑:谁是主要演员和次要演员? 出场的演员是谁？幕后演员是谁？每个人都扮演了什么角色？相互之间关系怎样？与你的关系呢？坚持考虑每个角色个人的情感、动机、目的、期望，不要忘记把自己放在演员表中；不要忘记通过情感、动机、目的、个人价值这面多棱镜来审视你的角色；也要审视你可能要做的假设：假设源于何处？它怎样影响你的行动？

4.检查你行动的结果

教师所做的每个行动都会产生一系列的反应。你的回应引起的一些反应是什么？对学生的影响是什么？对班级气氛的影响是什么？对其他演员的影响是什么？你所采取或未采取的行为对自己的结果是什么？你的行为以何种方式提高或降低你对自己的重视？

5.假设你再次遇到该事件

你怎样以不同观点看待事件？看待演员？如果再做一次，你的行为不同之处是什么？现在允许你重新考虑，你要选择一个不同的回答吗？

那么，什么样的教学案例才是一个好案例？笔者以为，应该遵循以下几个标准来判断：

1.一个好的案例必须包含一个典型的问题或问题情境——没有问题或问题情境不能算案例，问题或问题情境缺乏典型性也不能算案例。

2.一个好的案例要把注意力集中在一个中心论题上——要突出一个主题，如果是多个主题的话，叙述就会显得杂乱无章，难以把握住事件发生的主线。同时，还要注意不要过分地渲染自己的个人情绪或情感，以免使案例的重心发生偏移。

3.一个好的案例描述的是现实生活场景——案例的叙述要把事件置于一个时空框架之中，应该以关注今天所面临的疑难问题为着眼点，至少应该是近5年发生的事情，展示的整个事实材料应该与整个时代及教学背景相照应，这样的案例读者更愿意接触。一个好的案例可以使读者有身临其境的感觉，并对案例所涉及的人产生移情作用。

4.一个好的案例应该讲述一个故事——案例必须要有完整而生动的

情节。要能把事件发生的时间、地点、人物等等按照一定的结构展示出来，同时，对事件的叙述和评点也是其中必要的组成部分，最好包含有一些戏剧性的冲突。对于课堂教学案例来说，应该有学生围绕某一个讨论的中心问题表达他们不同见解的波澜起伏的过程性教学冲突。

5.一个好的案例的叙述要具体、翔实——案例不应该是对事物大体如何的笼统描述，也不应该是对事物所具有的总体特征所作的抽象化的、概括化的说明。案例提供的各种信息应该是准确的、纪实性的，包括与案例相关的背景材料特别是第一手资料，也应作具体的陈述，因为背景材料中往往交待了问题发生的场景，隐含着问题形成的某些重要的原因。但要注意的是，背景材料的叙述不应该影响到对主要问题实质的把握。

6.一个好的案例应该包括从案例所反映的对象那里引述的材料——案例写作必须持一种客观的态度，因此可引述一些口头的或书面的、正式的或非正式的材料，如对话、笔记、信函等，以增强案例的真实性和可读性。重要的事实性材料应注明资料来源。

7.一个好的案例必须理清问题的性质——案例所说的问题是何种性质？是教学策略问题，还是学生行为问题，或是师生关系问题？如此等等。这是案例分析的关键，不要让纷至沓来的信息干扰了自己对问题性质的基本判断。

8.一个好的案例需要针对面临的疑难问题提出解决办法——案例不能只是提出问题，它必须提出解决问题的主要思路、具体措施，并包含着解决问题的详细过程，这应该是案例写作的重点。如果一个问题可以提出多种解决办法的话，那么最为适宜的方案，就应该是与特定的背景材料相关最密切的那一个。如果有包治百病、普遍适用的解决问题的办法，那么案例这种形式就没必要存在了。

9.一个好的案例需要有对已经做出的解决问题的决策的评价——评价是为了给新的决策提供参考点。可在案例的开头或结尾写下案例作者对自己解决问题策略的评论,以点明案例的基本论点及其价值。

10.一个好的案例要能反映教师工作的复杂性及其内心世界——案例要揭示出案例当事人的内心世界,如态度、动机、需要等等。换句话说,要围绕一定的问题,展示教师在实践中发现问题、分析问题、解决问题、反思自身发展的心路历程。

案例能够直接地、形象地反映教学的具体过程,因而有很强的可读性和操作性,也非常适合于有丰富实践经验的一线教师来写作。要写好案例,首先要有实践的基础和经验的积累,其次要有一定的写作技能,更重要的是加强理论学习,不断地进行实践探索。一篇好的案例,可以胜过许多"泛泛而谈"。说到底,好文章不是"写"出来,而是"做"出来的。

作为一个能够提供借鉴的教学案例,既可以是教学活动中的成功事例,也可以是教学实践活动中遭遇过的失败事例,前者可以提供经验,后者可以提供教训,都同样具有借鉴意义。

第二章 教学案例分科展示

第一节 快乐语文

中学语文课程的性质和目标

语言文字是人类最重要的交际工具和信息载体,是人类文化的重要组成部分。语言文字的运用,包括生活、工作和学习中的听说读写活动以及文学活动,存在于人类生活的各个领域。当今世界,经济全球化趋势日渐增强,现代科学和信息技术迅猛发展,新的交流媒介不断出现,给社会语言生活带来巨大变化,对中华民族优秀传统文化的继承,对语言文字运用的规范带来新的挑战。时代的进步要求人们具有开阔的视野、开放的心态、创新的思维,对人们的语言文字运用能力和文化选择能力提出了更高的要求,也给语文教育的发展提出了新的课题。

语文课程致力于培养学生的语言文字运用能力,提升学生的综合素养,为学好其他课程打下基础;为学生形成正确的世界观、人生观、价值观,形成良好个性和健全人格打下基础;为学生的全面发展和终身发展打下基础。语文课程对继承和弘扬中华民族优秀文化传统和革命传统,增强民族文化认同感,增强民族凝聚力和创造力,具有不可替代的优势。语文课程的多重功能和奠基作用,决定了它在九年义务教育中的重要地位。

语文课程是一门学习语言文字运用的综合性、实践性课程。义务教育阶段的语文课程,应使学生初步学会运用祖国语言文字进行交流沟通,吸收古今中外优秀文化,提高思想文化修养,促进自身精神成长。工具性与人文性的统一,是语文课程的基本特点。

语文课程目标从知识与能力、过程与方法、情感态度与价值观三个方面设计。三者相互渗透,融为一体。目标的设计着眼于语文素养的整体提高。

语文课程的总目标是:

1.在语文学习过程中,培养爱国主义、集体主义、社会主义思想道德和健康的审美情趣,发展个性,培养创新精神和合作精神,逐步形成积极的人生态度和正确的世界观、价值观。

2.认识中华文化的丰厚博大,汲取民族文化智慧。关心当代文化生活,尊重多样文化,吸收人类优秀文化的营养,提高文化品位。

3.培育热爱祖国语言文字的情感,增强学习语文的自信心,养成良好的语文学习习惯,初步掌握学习语文的基本方法。

4.在发展语言能力的同时,发展思维能力,学习科学的思想方法,逐步养成实事求是、崇尚真知的科学态度。

5.能主动进行探究性学习,激发想象力和创造潜能,在实践中学习和运用语文。

6.学会汉语拼音,能说普通话。认识 3500 个左右常用汉字。能正确工整地书写汉字,并有一定的速度。

7.具有独立阅读的能力,学会运用多种阅读方法。有较为丰富的积累和良好的语感,注重情感体验,发展感受和理解的能力。能阅读日常的书报杂志,能初步鉴赏文学作品,丰富自己的精神世界。能借助工具书阅读浅易文言文。

8.能具体明确、文从字顺地表达自己的见闻、体验和想法。能根据需要,运用常见的表达方式写作,发展书面语言运用能力。

9.具有日常口语交际的基本能力,学会倾听、表达与交流,初步学会运用口头语言文明地进行人际沟通和社会交往。

10.学会使用常用的语文工具书。初步具备搜集和处理信息的能力,积极尝试运用新技术和多种媒体学习语文。

7～9年级的同学学习语文要掌握如下内容：

一、识字与写字

1.能熟练地使用字典、词典独立识字，会用多种检字方法。累计认识常用汉字3500个左右。

2.在使用硬笔熟练地书写正楷体的基础上，学写规范、通用的行楷字，提高书写的速度。

3.临摹名家书法，体会书法的审美价值。

4.写字姿势正确，有良好的书写习惯。

二、阅读

1.能用普通话正确、流利、有感情地朗读。

2.养成默读习惯，有一定的速度，阅读一般的现代文，每分钟不少于500字。能较熟练地运用略读和浏览的方法，扩大阅读范围。

3.在通读课文的基础上，理清思路，理解、分析主要内容，体味和推敲重要词句在语言环境中的意义和作用。

4.对课文的内容和表达有自己的心得，能提出自己的看法，并能运用合作的方式，共同探讨、分析、解决疑难问题。

5.在阅读中了解叙述、描写、说明、议论、抒情等表达方式。

6.能够区分写实作品与虚构作品，了解诗歌、散文、小说、戏剧等文学样式。

7.欣赏文学作品，有自己的情感体验，初步领悟作品的内涵，从中获得对自然、社会、人生的有益启示。对作品中感人的情境和形象，能说出自己的体验；品味作品中富于表现力的语言。

8.阅读简单的议论文，区分观点与材料（道理、事实、数据、图表等），发现观点与材料之间的联系，并通过自己的思考，作出判断。阅读新闻和说明性文章，能把握文章的基本观点，获取主要信息。阅读科技作品，还应注意领会作品中所体现的科学精神和科学思想方法。阅读由多种材料组合、较为复杂的非连续性文本,能领会文本的意思,得出有意义的结论。

9.诵读古代诗词,阅读浅易文言文,能借助注释和工具书理解基本内容。注重积累、感悟和运用,提高自己的欣赏品位。

10.随文学习基本的词汇、语法知识,用来帮助理解课文中的语言难点;了解常用的修辞方法,体会它们在课文中的表达效果。了解课文涉及的重要作家作品和文化常识。

11.能利用图书馆、网络搜集自己需要的信息和资料,帮助阅读。

12.学会制订自己的阅读计划,广泛阅读各种类型的读物,课外阅读总量不少于 260 万字,每学年阅读两三部名著,背诵优秀诗文 80 篇(段)。

三、写作

1.写作要有真情实感,力求表达自己对自然、社会、人生的感受、体验和思考。

2.多角度观察生活,发现生活的丰富多彩,能抓住事物的特征,有自己的感受和认识,表达力求有创意。

3.注重写作过程中搜集素材、构思立意、列纲起草、修改加工等环节,提高独立写作的能力。

4.写作时考虑不同的目的和对象。根据表达的需要,围绕表达中心,选择恰当的表达方式。合理安排内容的先后和详略,条理清楚地表达自己的意思。运用联想和想象,丰富表达的内容。正确使用常用的标点符号。

5.写记叙性文章,表达意图明确,内容具体充实;写简单的说明性文章,做到明白清楚;写简单的议论性文章,做到观点明确,有理有据;根据生活需要,写常见应用文。

6.能从文章中提取主要信息,进行缩写;能根据文章的基本内容和自己的合理想象,进行扩写;能变换文章的文体或表达方式等,进行改写。

7.根据表达的需要,借助语感和语文常识,修改自己的作文,做到文从字顺。能与他人交流写作心得,互相评改作文,以分享感受,沟通见解。

8.作文每学年一般不少于 14 次,其他练笔不少于 1 万字,45 分钟能完成不少于 500 字的习作。

四、口语交际

1.注意对象和场合,学习文明得体地交流。

2.耐心专注地倾听,能根据对方的话语、表情、手势等,理解对方的观点和意图。

3.自信、负责地表达自己的观点,做到清楚、连贯、不偏离话题。

4.注意表情和语气,根据需要调整自己的表达内容和方式,不断提高应对能力,增强感染力和说服力。

5.讲述见闻,内容具体、语言生动。复述转述,完整准确、突出要点。能就适当的话题作即席讲话和有准备的主题演讲,有自己的观点,有一定的说服力。

6.讨论问题,能积极发表自己的看法,有中心、有根据、有条理。能听出讨论的焦点,并能有针对性地发表意见。

五、综合性学习

1.自主组织文学活动,在办刊、演出、讨论等活动过程中,体验合作与成功的喜悦。

2.能提出学习和生活中感兴趣的问题,共同讨论,选出研究主题,制订简单的研究计划。能从书刊或其他媒体中获取有关资料,讨论分析问题,独立或合作写出简单的研究报告。

3.关心学校、本地区和国内外大事,就共同关注的热点问题,搜集资料,调查访问,相互讨论,能用文字、图表、图画、照片等展示学习成果。

4.掌握查找资料、引用资料的基本方法,分清原始资料与间接资料的主要差别,学会注明所用资料的出处。

"经典"课文——《珍珠鸟》

案例背景

许多教师在面对"经典"课文时,往往不知所措。他们喜欢在教材中出现的"名篇",在大家或活泼或严谨的文字中,试图寻找到最佳方式把"经典"呈现在学生面前。其实,教学方法可以灵活多样,只要无视"经典",那么"经典"就会得到最得体、最自然的呈现,学生们自然也就能获取更多的知识养料。

案例描述

信手翻开案头的备课笔记,被《珍珠鸟》一课"记录栏"里的那串用红笔书写,又用着重号标识了的文字所吸引。我疑惑着,当时是什么想法让自己如此郑重其事?我屏息凝视:"记住,这是一篇名家名作! 再问,你要给孩子们呈现什么?"

呵,我哑然失笑。那般严肃与迷惘的神情依稀可见。

是的,在名篇或优美或深刻的文字里,语言的魅力、思想的光华总是熠熠生辉、楚楚动人。

《珍珠鸟》也是如此。

《珍珠鸟》是冯骥才先生的作品。作者用生动而温暖的语句描绘出了一只小珍珠鸟的可爱、活泼、调皮,字里行间满溢的都是"我"对小珍珠鸟的由衷的喜爱,由此也让作者生发了"信赖,往往创造出美好的境界"这样的人生感悟。

捧起书本一遍遍地读,也找来原文(教材中多为删选后的选文)对照着读,补充着读,我沉浸在其中。

然而,回到现实,我却开始迷茫——这样的经典作品,我到底该如何实现文本、作者与学生的视界融合? 现在想来,当时的疑虑是如此真切,那串深深的红字便是最好的见证。

因为举棋不定,我的教案设计几番搁浅。无奈之下,我把目光投向了各类教育书籍。

朱自清先生在《经典常谈》里说:"在中等以上的教育里,经典训练应该是一个必要的项目。"所谓"经典训练",我的理解就是结合经典选文的教学,去透彻地理解选文的意境、情感、价值等。

王荣生教授在《语文科课程论基础》里把这类经典选文称为"定篇"。他认为,在"定篇"里,教课文就是用课文教。理想的"定篇"不存在异议,不是让各人教各法的那种。

读着,回味着,我豁然开朗,就《珍珠鸟》这类"定篇"的教学而言,它的文本特点与教学要义应该是统一的,那就是品味语言、体悟情感和触摸情怀,让孩子们在阅读中喜欢上这只小鸟儿,喜欢上这些文字,喜欢上这个"经典"构筑的世界。

带着这样的想法,我满怀信心地走进课堂,和孩子们一起徜徉在温润的文字与情感里。不妨看两个片段。

片段1:课始揭题

1.映示图片:珍珠鸟

师:瞧,今天我们的课堂上来了一位小客人,你认识它吗?(生纷纷说是珍珠鸟)

师:对呀,用心看看这只珍珠鸟,你有什么感觉?

生1:它长得圆滚滚、胖乎乎的,真可爱呀!

生2:你看,它还躲在绿色的植物里,好像在偷偷地看我们呢。真有趣!

生3:它身上各部分的颜色搭配也很美,像个小公主。

2.认识作者:冯骥才

师:是啊,它们是多么可爱,使得著名作家及画家冯骥才先生也被深深吸引了,写下了这篇精美的散文。关于冯骥才先生,你们还有什么了解吗?(生简单补充介绍)

3.引进评论:冰心

师:来听听著名儿童作家冰心奶奶对这部作品的评价吧——(映示:这真是一篇叙事抒情的好文章。全文短小、精练、细腻而又酣畅。冯骥才的作品我读得多了,长短篇的小说和散文……但都不像这篇《珍珠鸟》这样的光彩照人。)

师:你从这段评价中听出了什么?

生1:我听出就连冰心奶奶也特别喜欢这篇文章。

生2:我知道了这部作品写得很好、很细腻。

生3:冰心奶奶还说它"光彩照人"呢,我觉得很有意思,我也想快点读一读了。

这样的开头摒弃了观察图片描述珍珠鸟的外形,或是对珍珠鸟进行科学性认知这种通常的方式,而是将孩子们的目光迅速引向文本本身,并努力触动其内心的情感之弦,从而使之与作家的感受更趋向一致。而且,冰心奶奶是孩子们熟悉的知名人物,将她的评价放在课首,这样,孩子们便能在冰心奶奶的娓娓道来间获得对文本的感知,获得学习这类文本的方式。

片段2:词句赏析

1.映示句子:……俯下头来喝茶,再偏过脸瞧瞧我的反应。

师:读读这个句子,想象一下,这只小珍珠鸟现在是什么样子?

(生结合句子描述出小珍珠鸟喝茶时的调皮模样)

师:如果小珍珠鸟有表情,会是什么表情? 如果小珍珠鸟有心理,它会想什么?

生1:它可能在笑,想着,这主人的茶可真好喝!

生2:它可能有些紧张,担心会不会被"我"发现。

生3:它瞪大眼睛望着"我",有些调皮,也有些担心,就像一个故意来捣蛋的小孩儿。

生4:它可能会想,嘿嘿,我又来了,看你能把我怎么样!

2.小结提升

多么传神的文字！这里面有表情,有心理,更有着活泼的生命力,这就是文学大家的语言——充满了无穷的魅力,这更是文学大家的情怀——细腻、敏锐而美好!

3.深情朗读

读吧,让这只可爱活泼的鸟儿在我们的朗读中跃然纸上吧!

（生有声有色地诵读）

上述片段中所示的句子来自课文的第4自然段。整个段落条理清晰地讲述了小珍珠鸟如何一步步与我亲近的过程,也是对应于课后习题"说说在'我'的努力下,'我'和珍珠鸟之间的信赖关系是怎样逐步建立起来的"的内容所在。教学时,我们如若不假思索地将教学内容与习题进行统整,将这个自然段的教学目标定为理清条理、复述内容的话,便不自觉地使教材内容与课程内容疏离。因为流于浅表的内容重复无疑会弱化教师与学生的感受性,让学生在文质兼美的选文前徒然失去生命成长的可能。因此,在大致理解内容的基础上,只有带孩子们再次回到语言本身,用多种方式去丰富语言的内涵,才能让"经典"可感起来。

就这样,我和孩子们一起读着,想象着,品味着,在文字间出入,在情感里沉醉,"经典"的"真面目"一点一点复活,我们的喜悦一点一点丰满。终于,课文学完了,孩子们的眼睛个个晶晶亮:"'经典',真好!"

案例反思

在这样的课堂教学中,知道教材、了解教材、欣赏教材成了极为纯粹的目标。教学的价值体现在对教材"真面目"的还原上。

有这样认知的远不只是我们国家。比如英国国家课程标准、德国语文教学大纲等诸多国家的教学纲要,都对经典作品的阅读作了极其细致的规定,包括作者、作品名称等。

学习"经典",不仅是教学的任务要求,更是传承人类文化的职责范畴。

（曹丽秋）

语文中"爱"的教育

案例背景

关注人是新课程的核心理念——"一切为了每一位学生的发展"在教学中的具体体现,它意味着:第一,关注每一位学生。每一位学生都是生动活泼的人、发展的人、有尊严的人,在教师的课堂教学理念中,包括每一位学生在内的全班所有的学生都是自己应该关注的对象,关注的实质是尊重、关心、牵挂,关注本身就是最好的教育。第二,关注学生的情绪生活和情感体验。孔子说过:"知之者莫如好之者,好之者莫如乐之者。"教学过程应该成为学生一种愉悦的情绪生活和积极的情感体验。第三,关注学生的道德生活和人格养成。课堂不仅是学科知识传递的殿堂,更是人性养育的圣殿。课堂教学潜藏着丰富的道德因素,"教学永远具有教育性",这是教学活动的一条基本规律。教师不仅要充分展示教学中的各种道德因素,还要积极关注和引导学生在教学活动中的各种道德表现和道德发展,从而使教学过程成为一种高尚的道德生活和丰富的人生体验。

案例描述

导入新课

师:同学们,上课前,我们先来一个实话实说。在你的人生历程中,肯定有一些事曾触动过你的心弦。今天,老师就为同学们提供一次一吐为快的机会。请同学们畅所欲言,说说自己的心里话。

生1:我觉得,父母是世界上最伟大的人,我们每一个人都应热爱自己的父母。小时候,父母对我是精心呵护,给我做好吃的,记得那一次,我生病了,父母一夜未眠,第二天,又陪我去医院,直到我的病好了他们才放心。从那时起,我知道了什么是感恩。

生2:现在,我觉得同学们之间的关系并不是很和谐,有许多同学比较自私,不愿帮助别人,老是想着自己,记得有一次,有一道题我不会做,我问过很多同学,他们中有学习好的,也有学习差的,但没有一个人告诉我如何去做。

生3:自从上学以来,我觉得家长与我们之间的距离越来越远了,他们不理解我们,他们只是按照自己的想法来为我们安排一切。

生4:个别老师上课的时候,经常提问,但是他们提问的对象却是那些成绩优秀的学生,而那些成绩暂时落后的学生却经常成为老师遗忘的对象。我认为老师的这种做法有些不妥。老师应该一视同仁,公平公正地对待每一个学生。

师:刚才我们有四位同学说出了自己的心声(板书课题)。我想告诉第一位同学,"树欲静而风不止,子欲养而亲不待",趁我们年轻,趁我们的父母还健在,请善待我们的父母。我想告诉第二位同学,把同学当朋友,多说说自己的心里话,或许情况就会得到改善,问题就会得到解决。我也希望同学之间能够互相团结,记住,"给别人一缕阳光,自己就可能得到一轮太阳。"我想告诉第三位同学,"可怜天下父母心",多做换位思考,你就会明白父母的良苦用心。我想告诉第四位同学,你很有爱心,乐于助人。大胆的说出来或者给这位老师写封信,这位老师可能就会改变自己的教学行为,毕竟教学相长。

师:同学们,其实,当我们遭遇不平时,我们不应怨天尤人。我们不能改变环境,但我们可以改变我们自己。今天这堂课,我真心希望,我能做同学们的朋友;我更希望,在座的每一位同学都能毛遂自荐,积极发言。

整体感知

师:请同学们认真阅读《心声》一课。读的过程中注意借用工具书扫清文字障碍。

(生读课文,教师巡回指导)

师:阅读结束了,同学们有什么感受在心中油然而生?

生1:我特别同情李京京同学的生活处境,因为我也有过类似的经历。

生2:我特别敬佩李京京同学。我觉得他很有自信。尤其当自己的愿望遭到别人拒绝的时候,他总努力为自己创造机会。最后他成功了。

生3:我觉得文中程老师的做法不对。他不应该有偏见,应该相信每一位学生都是优秀的。

生4:老师,"心声"这个题目是不是一语双关啊?我觉得这不仅仅是李京京的心声,更是普天之下学生共同的心声。

生5:我特别讨厌像程老师这样的人!

生6:"金无足赤,人无完人",我认为,李京京固然值得我们同情,但是程老师所做的这一切也是为了学校的荣誉,他们两个人都很好。

生7:课文中有一个叫赵小桢的学生,他虽然是老师心目中的好学生,但在我的心中他却是一个没有勇气缺乏自信的人。

生8:通过读这篇课文,我想对所有的老师说一句话,那就是对所有的学生都要一视同仁,不能把学习成绩的好坏作为评价学生的唯一标准。

理解探究

师:刚才听了同学们的发言,我感受很深。尤其是最后一位同学的发言让我仿佛看到了我们每一位同学的那颗渴望关爱、渴求平等的心,其实老师也有过许多失误,也曾经遗忘过学习暂时落后的同学,但今天听了同学们的发言之后,我决心改正,争取做一个公正无私的老师。同学们,我们应该如何理解标题"心声"呢?

生1:我觉得这是李京京同学的心声。他特别思念住在乡下的爷爷,想早日见到爷爷。他渴望亲情。

生2:我觉得这是像李京京同学一样不被老师重视的学生的心声。他们渴求得到老师的关怀和帮助。

生3:我觉得这是作者的心声。他写这篇文章旨在告诉我们读者,我们要像李京京一样,面对冷漠,面对挫折,要自我肯定,永不言弃。

生 4:我觉得这是教育专家的心声。教育本是一块净土,不容弄虚作假。他们呼唤教育要返璞归真。

案例反思

通过本堂课的教学,我体会到学生的学习首先必须是在一种心里感到很安全、思想很自由、很宽松,乐意进取、乐意参与,情绪很高亢的状态下进行。因此,转变学生的学习方式,首先就意味着改变学生的学习状态。也就是说,学习方式转变首先要考查的内容,就是课堂的教育氛围、环境。学生是在什么样的状态下学习的? 教师会设计什么样的教学情境,设计什么样的课堂氛围?

进一步来说,新课标课堂该有什么样的教育氛围? 学生要有什么样的学习状态? 我觉得要做到以下三点:

第一,学生要自由。所谓自由就是解放学生的头脑,解放学生的心理,放飞学生的心灵,让他们无拘无束,这是最基本的东西。

第二,要有宽松的氛围。所谓宽松,我想就是允许学生说错话,说真话,把他自己的经验、最个性化的东西充分表达出来。我个人的理解,犯错误就是让学生打开心窗,把他心里想到的、碰到的经验和体会充分地表露出来,让我们的教学真正进入孩子的心里。

第三,就是民主。课程就是教师帮助学生经历、体验转变的过程,教师和学生是同事、伙伴、协作者的关系,像这节课上,我写错了一个字,学生立即给我主动地指了出来。我们的课堂就要达到这样的状态:学生敢想、敢说,愿意想、愿意说。只有在这样的状态下才能改变学生的学习方式。

(陈晴)

趣味学诗歌

案例背景

开学初曾在任教班级作过调查,班中真正对语文感兴趣的同学不到20%。原因各种各样,有的认为汉字难记,有的认为先前的语文课索然无味,有的认为写作困难重重,有的认为语文成绩难以提高没有成就感。不可否认,随着社会的进步和科学的发展,许多新知识不断引进学校教育,学科数随之增加,用于母语教学的时间相应减少。汉语本身构造复杂,数量繁多,汉语学习需要一个不断积累的过程,收效缓慢。而兴趣无疑是最好的老师,正所谓"好之者不如乐之者"。在这样的现状下,努力发掘汉语学习的乐趣,培养学生的兴趣就极为重要。

要让学生切实体会到学习母语的快乐,最好的方法莫过于挖掘汉语自身快乐因子。从学生到老师,我一直忘不了俞平伯先生一段描写书声的文字:"在曲折廓落的游廊间,当北风卷雪渺无片响的时分,忽近处递来琅琅的书声。谛听分明得很,是小孩子。它对于我们十分亲密,因为和从前我们在书屋里所唱出来的正是一个样。这尽可以使我重温久未曾尝的儿时的甜酒……"书声竟使先生无法忘怀,不正与汉语的吟诵中自然流露的音乐性密不可分。正如先生所言他们的读与我们的唱是一样的。我想为何不让学生通过实践自己去体会汉语的音乐美,从而去亲近汉语,喜欢汉语呢?为此我决定从中国传统文化精髓——诗歌入手,就押韵教学带领学生走近诗歌,欣赏诗歌,在趣味中吸取养料,发掘美点,并达到创作诗歌的目的。

案例描述

师:中国是一个诗歌的国度,从先秦到清代直至而今,诗人辈出,佳作层出不穷,真可谓源远流长。特别是唐朝,社会上形成了上至帝王天子,下至平民百姓,人人读诗,人人写诗的局面。唐代也就成为了一个盛况空前,后难为继的辉煌时代。美学大师朱光潜认为要培养纯正的文学趣味,我们最好从诗入手。今天就让我们一起走近诗歌,一起读诗、品诗,感悟诗歌的音乐美,并动手写写小诗。

一、走近诗歌

师:说说你们所知道的诗歌。比一比,赛一赛,看谁知道的最多?

(话音刚落,满眼全是手,学生们争先恐后,气氛相当热烈)

生1:松下问童子,言师采药去。只在此山中,云深不知处。

生2:碧玉妆成一树高,万条垂下绿丝绦。不知细叶谁裁出,二月春风似剪刀。

生3:床前明月光,疑是地上霜。举头望明月,低头思故乡。

生4:空山新雨后,天气晚来秋。明月松间照,清泉石上流。

生5:杨花落尽子规啼,闻道龙标过五溪。我寄愁心与明月,随风直道夜郎西。

生6:孤山寺北贾亭西,水面初平云脚底。

二、了解押韵

师:这些诗歌音调和谐悦耳,流丽婉转,吟咏顺口,便于记忆,是因为与……"押韵",我还未讲,下面就有同学喊了出来,于是我顺水推舟,请学生来讲讲押韵知识。

生:指某些句子的末尾用同韵母的字。

师:基本正确。但押韵不仅仅指韵母,韵母中韵腹相同也可。现在我们来试试看,我们先从两个字开始,"时光"。

生:忧伤(才思敏捷的王杰脱口而出,随后学生的词语如滔滔流水滚滚而来)

幻想\清香\安装\故乡\长江\阳光\苍苍\肥胖\高昂\沧桑\高尚\流浪\水缸\内行\狂妄\宽广……

(这时几乎每位同学都发了言,课堂气氛十分活跃。)

师:看来同学们押韵掌握不错,现在我们增加难度,试试三个字如何？"吹泡泡"

（从学生们专注的眼神，各个跃跃欲试的神情，可以看出他们似乎比较有信心。）

生1：乐陶陶

生2：淘气包

生3：做早操

生4：划竹篙

生5：真乖巧

生6：做广告

生7：好宝宝\真手巧\志气高\爬树梢……

（进入第二阶段，学生开始考虑押韵的同时注意两个短词之间意义的关联性。尤其是最后一位学生不仅做到了押韵，而且开始有些儿歌的雏形了。）

接着我开始说出四字押韵。就地取材，因为第二天就是中秋，我随口报了一个：中秋情浓。学生随即低头奋笔疾书，几分钟之后，学生们陆续写好了。

生1：月色朦胧\翠树重重\其乐融融

生2：明月当空\大家靠拢\其乐无穷

生3：皓月当空\月饼做东\五味聚中

生4：大家靠拢\观看舞龙\情趣无穷

生5：大火雄雄\警车重重\人情更浓

由四字，学生一直写到七字：

> 文明城市人人建
>
> 高楼大厦处处见
>
> 蓝天碧水天天见
>
> 排排飞鸽日日现
>
> 小草青青处处见

文明现象天天见

美丽世界在眼前

三、品读演练

师:同学们已经从两个字一直压到了七个字。现在我们来写一首有意义的小诗。可以写景,可以状物,可以抒情,可以说理。先请看范文:

①那河畔的金柳\是夕阳中的新娘\波光里的艳影\在我的心头荡漾

②总得叫大车装个够\它横竖不说一句话\背上的压力往肉里扣\它把头重重地垂下\这一刻不知道下一刻的命\它有泪只往心里咽\眼里飘来一道鞭影\它抬起头望望前面

③并不是所有的付出都能索回希望\并不是所有的希望都意味着迷惘\年轻的心\只要坚强,不再流浪\并不是所有的友情都能地久天长\并不是所有的分别都充满忧伤\纯洁的友情\只有真诚,不再游荡

读完了范文,师生相互加以点评,学生就开始动笔写了。之后的结果完全出乎我的意料。流淌在学生笔下的文字闪现着智慧的灵光。

四、成果展示

黑　驴

张菲菲

黑驴的双眼被蒙上了黑布,

在它的眼前挂下了黑幕。

它只能漫无目标地前进忙碌,

不知一天要走多少里路?

无　题

胡中晓

东升晨,西落晚。

天空云绸红染缎。

霞云一片满目红,

不知天光与天晚？

案例反思

　　课后我一直处于一种兴奋的状态中,这节课学生积极性特高,勤于思考,积极发言。不能不让人叹服:感情之渠一开掘,思考之门一旦开启,学生会如此迸发文性,创造文采。正如布卢姆所说:"人们无法预料教学所产生的成果的全部范围。没有预料不到的成果,教学也就不成为一种艺术了。"静下心来,好好反思,得到以下几点启示:

　　1.回归传统。课程改革以来,特别强调现代意识,积极吸收新的教育理念,探究课程建设的新思路,注重在课程中传达新思想。对话理论,结构主义,细读式分析,甚至于后现代主义,这些名词一再被人提起,成为语文课改中的时尚词汇。当然,现代教育技术也开始在语文课上遍地开花。传统的语文教学与世界接轨,踏上了面向世界,面向未来,面向现代化的征程。而恰恰忘了,母语教学是一种知识能力的传授,更是文化思维方式的渗透。丰富的文化积累离不开对传统的继承。而唐宋诗词无疑是中华民族的骄傲,诗歌中所蕴涵的美更是审美教育重要的资源(音乐美,形式美,意蕴美)。随着数字时代的到来,流行的泛滥,语言的苍白晦暗,古典诗歌早已浓缩成淡淡的身影,在墨香古卷的文字中沉淀下去,我们实在很有必要去拾起那将被我们淡忘的奇葩。受到这节课的启发,我又上了两节中国文字形式美的课,一节讲中国的造字法,一节上了对联,中华民族特有的一门语言艺术。它既有语言声律上的音韵美,又有形式上的对称美,还有联义上的诗意美,让学生体会到语文课的别有风味,汉字是一个浩瀚的海洋,它博大精深,源远流长。对于这样的课,学生兴趣益然,潜能在课堂上如花绽放。

　　2.活动意识。母语教学,或者说讲言教育,更确切地说应该是言语教学,言语是运用语言进行交际的行为,是一个动态过程。因而,言语教育的关键,也应当是学习者学习与运用语言的实践过程。因此我们要重视实践,发现在教学活动中的地位,要使学生实现主动学习与发展,就必须置学生于自主探究、发现的活动中。实践活动能激发他们的兴趣,使他们产生对诗文的亲近感,活动能从根本上改变他们课堂学习的生存状态,即变被动为自主、合作、探究,活动能挖掘学生的各自潜能,能提高他们的创新能力。

3.校本开发。随着新课程的不断推进,校本、校本研究、校本课程与校本课程开发等概念从教育科研的神秘殿堂走进了广大教育工作者,尤其是在全国几千万中小学实施课程改革的教师的视野里,不再有新鲜事物。对于中小学教师来说,最为直接,也是最为重要当数校本课程的开发。笔者在这节诗歌教学中已深深体会到校本课程开发的重要性,如果有现成的校本课程,也就不用花几天的时间去准备这么一堂课了。因此,校本课程的开发势在必行。同时,在校本课程开发过程中,教师面临着与传统的课堂教学、教育完全不同的"课程环境",教师不仅是课程的开发者,也是课程的实施者、评价者。而教师的专业化发展也将随着全球对教育的重视而发展,尤其是对课程改革的关注,成为时代发展的必然趋势。

(佚名)

打开心门学古文

案例背景

许多中学语文教师为教古文而感到头疼，更别提让同学们自己创作古文了。其实，"没有学不会的学生，只有不会教的老师"。只要将同学们那扇心门打开，他们必定会学好古文。

案例描述

让孩子们写古文纯属偶然。那还得从一次学校组织的创新作文大赛说起。班上一个平常作文水平相当高的孩子居然一字未动。询问原因，他的回答是没灵感。我一愣，还好当时我没有马上作出过激的反应，否则，就没有后面的精彩故事了。我冷静一想，或许要怪的人不是他，而是我自己。因为平常我一贯提倡作文是"用心灵收藏记忆，用文字记录童年"的最好方式。而恰恰这个孩子原本就对自己的作文要求极其苛刻，从不写重复的题材。我转念一想，说道："那你这次就不能获奖了，你能承受得住看着其他同学上台领奖的那份压力吗？""嗯……能！""那好吧！前两天，你不是刚和母亲去了泰顺温泉玩吗？不妨写一篇游记当做作业交给我！"刚走出教室时，我随意地补充了一句："写完游记，不妨把它改成古文的形式。"没想到，"无心插柳"居然能收获意外的惊喜。三天之后，他交给了我两篇作文，一篇是散文，一篇是古文。现将这篇古文呈现如下：

温泉之行

陈一鹤

人言雁荡奇峰秀丽，移步换景；流水潺潺，树林荫翳；鸟鸣声声，如入仙境。余观泰顺之景，尤胜雁山也。

入山中，但见层峦叠嶂，飘浮于云间。翠竹丛生，日光掩映，碎影斑驳。风过疏竹，绰影摇曳，如鱼戏水。林间鸟鸣悠然，上呼下应，声声入耳，似人呓语，又似泉谷幽鸣。

寻下路，有亭翼然出于山间。既下望，便见一眼，此温泉也。旁有一溪，水尤清冽。日光下澈，影布石上，忽如鱼翔。濯足水中，水甚清凉，直沁肺腑。忽有一鱼潜于石间。予趋而往，鱼惊，逃之夭夭。静坐溪石之上，远山迷蒙，浮云悠悠。风过，翠木簌簌，流水淙淙，欢语绕耳。

少顷，人俱散。余独坐石上，山水皆静，吾心亦如山水，方觉天之大，地之美也。

余醉而忘返。其人曰：到此一游，甚乐也。时人之乐在乎温泉；余之乐在乎山水之间也。

时戊子年三月十五日。

我略改了几个错别字，一篇文采熠熠的小古文就"横空出世"了。我真的难以用语言来形容当时的那份激动和惊喜，马上用键盘敲下这篇文章，打印、复印分发给所有的孩子，还在班级宣传栏的醒目的位置上张贴。

没想到，一石激起千层浪。这篇小古文很快成为班上学生的热点话题。他们先是投以羡慕的目光，继而跃跃欲试。接下来一周恰逢一年一度的秋游活动。活动之前，我布置了一个自由选择的任务，即秋游回来后可以写一篇记叙文，也可以写一篇古文游记。当然，对后者我是故意做了激情渲染的。

我先拿出陈一鹤写的那篇古文，请他在全班同学面前放声朗诵一遍，然后请他畅谈自己的创作经过。开始，他还有点不好意思，在我的鼓励下，他说道："刚开始，我觉得写古文的确有点难，但我很想尝试尝试。所以，写之前，我重温了一遍《小石潭记》、《醉翁亭记》、《陋室铭》、《桃花源记》等古文名篇。后来我发现，这次温泉之行和欧阳修的醉翁亭聚会挺像的，因为其他人都只在乎温泉，只有我和妈妈静静享受着周围的山山水水，所以我就想模仿《醉翁亭记》和《小石潭记》的样子，试着写一写，有时停下来再参考参考这两篇文章，就这样写出了这篇小古文。"我顺着他的发言，说道："你们有没有从一鹤的发言中听出一些门道？他先是怎么做的?"其他学生齐答道:"先重温古文名篇。"我说:"对呀,巧妇难为无米之炊,假如肚子中空空如也,怎么能写出这样好的古文呢?那么,一鹤写的过程中哪些方法可以给你们启发?"有的学生回答说:"他是先看看自己的旅游经过跟哪篇古文比较相似,然后模仿写的。"有的说:"他是边写边参考,写不下去的时候,再读读古文。"就在大家意犹未尽、兴致盎然中,我们开始了这次雁荡之行。回来后,几个语文素养较高的孩子,又一次给我带来了惊喜和收获。

尝到古文写作甜头的我和孩子们,渐渐地都对古文写作萌发了更大的兴趣和热情。而相应地他们对背诵古文也比以前更感兴趣了,平时除了我要求背诵的几篇古文之外,几个特别优秀的孩子还自发地买来《古文观止》背诵自己喜欢的篇目。当然,我在教学时也适时进行引导。时光一晃,就到了八年级,第4组课文安排的是四篇有关环境保护主题的文章。而在习作中安排了一幅漫画,要求学生认真观察,看懂漫画的内容,写出自己的理解和感受,也可借助漫画写一个故事。漫画画的是一个人抡起一把大斧头正朝一棵大树砍去,而画面中这个人的脑袋被画家画成了一截木头;他的肩膀上停着一只啄木鸟,正用自己尖利的嘴啄着这人的脑袋,说:"这段木头里一定有虫……"我在指导学生自主观察画面后,便引导他们展开联想——可以在哪些地方进行想象补白,从而使这篇作文既有新颖的立意,又有充实的内容。但是说实话,这样的习作训练对八年级的学生,特别是作文素养比较高的学生而言,是缺少挑战性的。这时,我灵机一动:这难道不是一个可以开展古文实践的很好的素材吗?古文简约凝练,正符合创作这样的寓言小故事。于是,我对学生说,假如你有兴趣创作古文小寓言,也可以根据这幅漫画写一篇小古文。话音刚落,几个优秀学生的写作欲望一下便被激发出来了,他们恨不得马上动笔。半节课刚过,一篇篇稚嫩而不乏生动的古文陆续地送到我面前。我数了数,总共有十一位同学选择写古文,占全班总人数的百分之二十多。发现如此多的学生对古文创作有如此高的兴趣,这又是一次意外的收获。而更大的惊喜还在后面,中午布置学生写"每课一练"的单元训练,恰好单元训练的习作中也安排了一幅漫画,画上一条鱼正撑着雨伞在一条满是垃圾的河中游。作业上交后,我又收到十几篇小古文,同样令人意想不到,同样精彩绝伦。现将两次学生写作的两篇古文呈现如下:

此木有虫

黄彬伦

百花怒放,百鸟争鸣,百树成荫。树曰:"荫而生乐。"鸟曰:"以鸣为乐乎。"花曰:"为怒放而生也。"皆乐。

恶人来此,挥斧树倒。阳光透射,树躺于地。阳光暴晒,花朵枯,鸟不鸣。

有一鸟,啄此恶人脑,曰:"此木有虫。"

鱼的命运,抑或是人的命运

施瑶凯

某地,有一桃源。树,青翠欲滴;水,纯洁如灵。水甚凉,欲洗,忽而,见一鱼。此鱼游之于莲叶之间,不亦乐乎。吾心笑。如此之仙境,不知能保几日。又望之,见远处高山;耳闻,潺潺流水。美也,奇也,妙也!

数月,吾又来之,其树无,只见一堆废墟所在。吾大惊,疾步寻之,见湖,又惊,原本清水,如今,极混、极浊。吾又寻之其鱼,见鱼,鱼立即逃之。吾心叹:"才数日,竟差之大,可见地球之悲哀。"

当创作古文成了孩子们的兴之所趋时,就不需要我过多地讲授了。因为创作古文本身对他们而言,就是一种文字游戏而已。只要能从创作中汲取快乐,便足矣。因此,每每看到学生无意间创作的古文,我就特别高兴。当然,也会一如既往地给予鼓励、赞扬。

案例反思

创作古文的意义与价值,究竟何在呢?这是我后来思考的一个主要问题。假如一件事情没有意义,你投入再大的热情,也只是徒劳无获、白忙活一场。我想,古文创作的意义,除了创作本身蕴涵的无限价值之外,似乎还应该有更大的意义。

　　首先,激发古文学习的热情,扫除学古文难、怕学古文的障碍。古文作为古代书面语言,其语法与现代汉语当然有很大的区别,这也正是为什么今天我们读古文时会有那么多障碍的主要原因。但古文的学习对传承经典文化有着非凡的意义。古文阅读能力不仅是现代中国公民必备的一种素养,还是现代中国公民应有的一个责任与义务。作为一个中国人,是有义务继承祖国优秀的文化遗产的。可喜的是,现在古文的诵读积累渐渐地被大家所接受。在现行的各个版本的小学语文教材中,都增加了古文的篇目。但是摆在小学、中学语文教师面前的一大难题就是,不知道如何让我们的孩子"亲近"古文,让他们觉得学古文并不难。而我在教孩子们背古文的过程中,让他们通过古文写作渐渐明白了积累的意义,激发了他们学习的热情。其次,简约、凝练的文字表达,可以提高学生语言表达的准确性和艺术性。古文虽然与现代白话文存在很大的区别,但它又是现代白话文演变的基础,对推进现代汉语的成熟有着不可忽视的作用。特别是优秀的古文,用简练的语言准确而生动地表达出作者的意图,这是现代白话文所望尘莫及的。因此,通过古文创作的尝试,不仅丰富了学生的文学辞藻和生动的语言,而且促使他们对作文语言严格要求,提升了写作素养。

(陈传敏)

让写作快乐起来

案例背景

初中语文教学中,令人最苦恼的莫过于学生的作文教学,这是一个我执教的班级,共有 21 名学生,学习起来相对吃力,这些学生平时写作文字数总在四百字左右,所写内容单调乏味,不会综合运用多种表达方式,平铺直叙较为简单的生活、学习事件。为了激发他们的写作兴趣,使他们感受到作文并不是一件困难的事,我设计了一堂作文课,从学生的角度出发,为增强学生的信心,力求拓展学生作文的思路,引导学生自由写作,表达自己对社会、自然、人生的独特感受和真切体验。

面对这些学生,如果只是简单地告诉他们这次作文的要求,读几篇范文,然后叫他们写作,这样效果肯定不好,因此在设计时必须抓住学生感兴趣的内容,让他们即兴说、想说爱说,让他们通过畅所欲言萌发写作的信心,进而产生写作的欲望,于是我就选取了"兴趣"这个话题。

案例描述

作文课上,当我走进教室正准备上课时,突然有两个学生在下面窃窃私语,打打闹闹。我站在讲台上,平静地望着他们,直到教室完全安静下来,我便微笑着说:"初三即将毕业,老师以前对你们关心不够,没有过多地与你们交流沟通,今天想跟同学们聊聊天,好吗?"学生听了我的话,开心地笑了(对他们来说由于基础差,上课是一种折磨)。于是,我提出第一个问题:"你们平时最喜欢干什么?""一石激起千层浪",学生都在下面说了起来,这时我要求学生一个个清楚地告诉我。

"最喜欢打篮球、最喜欢看 NBA;最喜欢踢足球;最喜欢看电视;最喜欢上网;最喜欢看小说;最喜欢逛街……"也许是找到了学生说话的兴奋点,学生们在下面显得格外起劲。看到这种情景,我又欲擒故纵,"大家说了这么多喜欢的事,能告诉我你为什么喜欢吗"?话音刚落,下面学生安静下来了,没过多久,学生又开始"动作"了,我抓住这一时机,叫了一个平时不爱学习的学生，那学生平时非常喜欢打篮球，一起来，那学生语出惊人："打篮球给我自信，使我快乐，所以篮球是我的最爱。"说得好，我立即鼓掌叫好，下面同学也拍手叫好。由于开了一个好头和对学生的鼓励，接下来学生都积极配合，思维活跃，说话热情高涨。

"足球是男人的运动，踢足球可显示一个人的风采，足球使我找到感觉"，"逛街，让我边散步边欣赏风景，让没钱的人能大饱眼福。""上网，能让我一网情深，使我跟人聊天、玩游戏、听音乐，上网查各种有用的资料。""读书，使我不出家门了解天下，使我感受书中有无穷无尽的知识和乐趣……"

这些即兴的发言使我一下子惊呆了，也使学生对自己的出色表现感到兴奋，于是我因势利导，抛出早已准备好的话题作文——以"兴趣"为话题写一篇作文，"以上我们每个同学谈了自己的兴趣爱好，说得非常精彩，只要我们每个同学把刚才说的话整理好，说具体，就可以写成一篇较好的作文；其实，写兴趣，第一步要告诉别人你的兴趣是什么，第二步需要介绍你是如何拥有这个兴趣的，如何保持这个兴趣的；第三步，最关键要写出你对这个兴趣的体验，对你的学习生活有什么帮助等。就举我们同学刚才的例子，如'篮球'这个话题，其实大家只要写清楚你从什么时候就喜欢打球、看篮球，篮球怎么成了你学习生活中重要的一块，同时还要写从打球中学到哪些对人生有益的知识，获得哪些人生的感悟，如……"这时我又发问了，"喜欢打篮球的同学，请你说说，从打球中获得了哪些有价值的东西，你有哪些独到的感受？"话一完，学生就低头思考起来。过了一会儿开始举手发言了："打球讲究的是配合，我们同学在平时也应相互支持鼓励，不要因为我们学习相对吃力而看不起自己。""打球最需要顽强的毅力和永不言败的精神，在我们的人生中也会遇到困难挫折，打球使我懂得如何对付这些困难挫折。"……"说了这么多，我们要为'兴趣'这个话题拟个题目，先看老师的，《我的兴趣爱好》，大家说好不好？"

"不好,这个题目太一般,不能吸引人。"

"不好,这个题目不能体现自己的个性。"

"不好,这个题目太笼统,不能突出自己的哪个兴趣爱好。"

"不好,不如改为《噢,我的篮球》。"

"可改为《音乐,让我与你相伴》。"

"《生活因篮球而精彩》"……当学生说出《生活因篮球而精彩》时,所有学生都拍手叫好,如果不是亲耳听见,确实很难相信这个题目出自这个学生之口,有了这个好题目,作文就已完成了一半。

接下来,进行作文开头、结尾辅导,我给他们作了两组示范:

1.开头:"阳光、空气、水是人类生存的三元素,在我每天的生活中,也有一样少不了,那就是篮球,它陪伴我每一天,给我莫大的快乐和幸福,在此,让我慢慢告诉你。"

结尾:感谢你,是你给了我信心和勇气;是你给了我快乐和幸福;是你使我从幼稚走向成熟,从软弱走向坚强;感谢你,篮球,你是我一生的最爱!

2.开头:"音乐一直是我的挚爱,我是一个不折不扣的乐迷。音乐已融入我的生活,我实在无法想象要是没有音乐,我的生活会成什么样。我经常光顾音像店,那些美妙的声音从而陆续流进了我的家、流进了我的心中。"

结尾:生活,成长,在音乐中,我觉得自己在音乐中永远是一个孩子,一直跟着它一起哭、一起笑,感受生命的存在与灿烂。听音乐时,闭上眼睛,放飞心灵吧!

即兴开了两组开头结尾,是让学生明白,对自己喜爱的事物一定要把这种强烈的感受抒发出来,尽可能打动读者,产生共鸣,尽管要求过高,但要让每一个同学相信自己有这个能力,尝试着去写,相信会有奇迹发生。

围绕"兴趣"写一篇作文,采用开门见山、"先情夺人"的开头方式,使学生有一种创作的新奇感;中间的叙事也做到了选材于生活,真实生动感人,在叙事中表现这个兴趣所带来的启示或感悟;结尾采用抒情式结尾,亦显得感情浓烈,得以升华。在学生已充分理解作文目的的基础上,学生们开始写下刚才说的话,写得认真快速。

案例反思

通过这样一堂课,作文的火花在每一个学生心中点亮,就连平时写作文最差的学生也写出了 400 字左右。由此可见,学生的作文都是可以写好的,只要是触动了学生的感情神经,选材得当,命题新颖,相信作文自然会绽放其独有的光芒,也会让学生自主地发挥主观能动性,变厌写为乐写,变白话为含蓄,变浅显为深刻,使学生在琢磨中悟道,在坚持中获得乐趣。

作文教学是一个循序渐进、不断积累发展的过程,仅仅通过一堂课,其实很难断定学生已对作文有了浓厚的兴趣,并能坚持写作。要全面提高学生的写作水平,功在课外。但通过这堂课,使我对这些学生有了新的认识,也感觉到新课标新教学理念学习实践的重要性。这堂课我认为有几点是成功的:

1.树立学生的主体意识,发挥差生说话写作的主观能动性,让学生动起来,对自己感兴趣的话题能畅所欲言。

2.找准切入点,让学生找到生活与写作的桥梁。每个学生都有自己感兴趣的事物,即使再差的学生,他也有自己的"一技之长",作为教师一定要善于发现并利用学生的这些"亮点",从而有效点燃写作兴趣之火。特别是学生所表达的有关活动的感受,言语自然有味,确实体现了学生的个性。

3.实践"跳摘"理论,化解作文难度,使学生稍微一跳便能摘到"果子"。课堂上与学生聊天说话,消除学生对作文的紧张恐惧心理,让他们轻松进入写作状态,调动学生学习生活中的知识积累,使作文有话可说。从学生拟写的作文题目来分析,远远超出平时的水平,若不是采用这种方式,很难让这些学生发挥这种水平。

但这节课也存在一些不足,未能采用灵活多样的方法,使学生自主探究,如条件允许,可在学生叙说的同时,播放有关 NBA 篮球赛、世界杯足球赛的画面,把学生的情感推向高潮,更有利于激发学生的写作热情。另外由于学生基础水平的局限,写作思维仍旧单一,未能进行较好的展开想象,在文本中呈现的语句表达仍旧直露,不含蓄,未能综合运用多种表达方式和修辞方法。

因而我认为,在写作教学中尽可能为学生创设自主探究的"境",即提供自主的机遇,设计自主探究的情境,创设自主探究的氛围,来有效激发学生的写作兴趣。教师应善于营造平等、民主、和谐、轻松的课堂气氛,使用最佳的教学艺术,为学生自主写作提供有利条件和广阔空间,减少束缚,使学生易于动笔,乐于表达,思维灵动,笔下生辉。写的文章自然就富有创新,富有真情实感和情趣。

在写作教学中,应注重培养观察、思考、表现、评价的能力。要求学生说真话、实话、心里话,不说假话、空话、套话,使作文朝自然、生活、哲理的方向迈进,真正做到"让写作快乐起来"!

（黄日成）

第二节　妙趣数学

中学数学课程的性质和目标

数学是人们对客观世界定性把握和定量刻画、逐渐抽象概括、形成方法和理论，并进行广泛应用的过程。20 世纪中叶以来，数学自身发生了巨大的变化，特别是与计算机的结合，使得数学在研究领域、研究方式和应用范围等方面得到了空前的拓展。数学可以帮助人们更好地探求客观世界的规律，并对现代社会中大量纷繁复杂的信息作出恰当的选择与判断，同时为人们交流信息提供了一种有效、简捷的手段。数学作为一种普遍适用的技术，有助于人们收集、整理、描述信息，建立数学模型，进而解决问题，直接为社会创造价值。

义务教育阶段的数学课程，其基本出发点是促进学生全面、持续、和谐地发展。它不仅要考虑数学自身的特点，更应遵循学生学习数学的心理规律，强调从学生已有的生活经验出发，让学生亲身经历将实际问题抽象成数学模型并进行解释与应用的过程，进而使学生获得对数学理解的同时，在思维能力、情感态度与价值观等多方面得到进步和发展。

义务教育阶段学习数学的总目标，是学生能够：

获得适应未来社会生活和进一步发展所必需的重要数学知识（包括数学事实、数学活动经验）以及基本的数学思想方法和必要的应用技能；

初步学会运用数学的思维方式去观察、分析现实社会，去解决日常生活中和其他学科学习中的问题，增强应用数学的意识；

体会数学与自然及人类社会的密切联系，了解数学的价值，增进对数学的理解和学好数学的信心；

具有初步的创新精神和实践能力，在情感态度和一般能力方面都能得到充分发展。

具体阐述如下：

1.知识与技能

经历将一些实际问题抽象为数与代数问题的过程,掌握数与代数的基础知识和基本技能,并能解决简单的问题。

经历探究物体与图形的形状、大小、位置关系和变换的过程,掌握空间与图形的基础知识和基本技能,并能解决简单的问题。

经历提出问题、收集和处理数据、作出决策和预测的过程,掌握统计与概率的基础知识和基本技能,并能解决简单的问题。

2.数学思考

经历运用数学符号和图形描述现实世界的过程,建立初步的数感和符号感,发展抽象思维。

丰富对现实空间及图形的认识,建立初步的空间观念,发展形象思维。

经历运用数据描述信息、作出推断的过程,发展统计观念。

经历观察、实验、猜想、证明等数学活动过程,发展合情推理能力和初步的演绎推理能力,能有条理地、清晰地阐述自己的观点。

3.解决问题

初步学会从数学的角度提出问题、理解问题,并能综合运用所学的知识和技能解决问题,发展应用意识。

形成解决问题的一些基本策略,体验解决问题策略的多样性,发展实践能力与创新精神。

学会与人合作,并能与他人交流思维的过程和结果。

初步形成评价与反思的意识。

4.情感与态度

能积极参与数学学习活动,对数学有好奇心与求知欲。

在数学学习活动中获得成功的体验,锻炼克服困难的意志,建立自信心。

初步认识数学与人类生活的密切联系及对人类历史发展的作用,体验数学活动充满着探索与创造,感受数学的严谨性以及数学结论的确定性。

形成实事求是的态度以及进行质疑和独立思考的习惯。

以上四个方面的目标是一个密切联系的有机整体,对人的发展具有十分重要的作用,它们是在丰富多彩的数学活动中实现的。其中,数学思考、解决问题、情感与态度的发展离不开知识与技能的学习,同时,知识与技能的学习必须以有利于其他目标的实现为前提。

在学生初中阶段,学习数学的阶段性目标如下:

1.知识与技能

经历从具体情境中抽象出符号的过程,认识有理数、实数、代数式、方程、不等式、函数;掌握必要的运算(包括估算)技能;探索具体问题中的数量关系和变化规律,并能运用代数式、方程、不等式、函数等进行描述。

经历探索物体与图形的基本性质、变换、位置关系的过程,掌握三角形、四边形、圆的基本性质以及平移、旋转、轴对称、相似等的基本性质,初步认识投影与视图,掌握基本的识图、作图等技能;体会证明的必要性,能证明三角形和四边形的基本性质,掌握基本的推理技能。

从收集、描述、分析数据,作出判断并进行交流的活动中,感受抽样的必要性,体会用样本估计总体的思想,掌握必要的数据处理技能;进一步丰富对概率的认识,知道频率与概率的关系,会计算一些事件发生的概率。

2.数学思考

能对具体情境中较大的数字信息作出合理的解释和推断,能用代数式、方程、不等式、函数刻画事物间的相互关系。

在探索图形的性质、图形的变换以及平面图形与空间几何体的相互转换等活动过程中,初步建立空间观念,发展几何直觉。

能收集、选择、处理数学信息,并作出合理的推断或大胆的猜测。

能用实例对一些数学猜想作出检验,从而增加猜想的可信程度或推翻猜想。

体会证明的必要性,发展初步的演绎推理能力。

3.解决问题

能结合具体情境发现并提出数学问题。

尝试从不同角度寻求解决问题的方法,并能有效地解决问题,尝试评价不同方法之间的差异。

体会在解决问题的过程中与他人合作的重要性。

能用文字、字母或图表等清楚地表达解决问题的过程,并解释结果的合理性。

通过对解决问题过程的反思,获得解决问题的经验。

4.情感与态度

乐于接触社会环境中的数学信息,愿意谈论某些数学话题,能够在数学活动中发挥积极作用。

敢于面对数学活动中的困难,并有独立克服困难和运用知识解决问题的成功体验,有学好数学的自信心。

体验数、符号和图形是有效地描述现实世界的重要手段,认识到数学是解决实际问题和进行交流的重要工具,了解数学对促进社会进步和发展人类理性精神的作用。

认识通过观察、实验、归纳、类比、推断可以获得数学猜想,体验数学活动充满着探索性和创造性,感受证明的必要性、证明过程的严谨性以及结论的确定性。

在独立思考的基础上,积极参与对数学问题的讨论,敢于发表自己的观点,并尊重与理解他人的见解,能从交流中获益。

课堂中的民主教学

案例背景

我所任教的班级是一所普通学校的普通班级,虽然学生的基础不是很好,学习态度和学习方法还需要有些转变,但是由于在刚入学的第一堂课起我就坚持把新课程理念融入课堂:重视学生的思维训练,营造宽松的课堂气氛,让所有的学生敢于发言,让学生们做自己的主人,充分发挥学习的民主性。

案例描述

我在进行解不等式的应用教学时,在拓展思维环节举出了下面这样一个例题,随着教学过程的深入,很有感想:

在一个双休日,某公司决定组织 48 名员工到附近一水上公园坐船游园,公司先派一个人去了解船只的租金情况,这个人看到的租金价格为:大船 53 元,小船 32 元,大船可坐 5 人,小船可坐 3 人。请你帮助设计一下:怎样租船才能使所付租金最少?(严禁超载)

师:谁能公布一下自己的设计方案?(突然间,我发现一名平时学习较困难的学生第一个举起了手,很惊奇,便马上让他发言了。)

生:我认为可以租大船,可以租小船,也可以大船和小船合租!(这时,教室里哄堂大笑,这位学生顿时有些难堪,想坐下去,我赶紧制止。)

师:很好!你为他们设计了三种方案。那你能不能再具体为他们计算出租金呢?

生(一下子来劲了):如果租大船,则需要船只数为 $48 \div 5 = 9.6$(只),因为不能超载,所以租大船需要 10 只,则所付租金要 $53 \times 10 = 530$(元)。如果租小船,则需要船只数为 $48 \div 3 = 16$(只),则所付租金要 $16 \times 32 = 512$(元)。如果既租大船又租小船……(说到这里,该生卡壳了)(我边认真听,边将他的方案结论板书在黑板上,看见卡壳了,便赶紧搭上话。)

师:刚才×××同学真的不错,不但一下子设计了三种方案,还差不多完成了全部租金的计算,我和全班同学都为你今天的表现感到非常高兴(教室里响起一片掌声)。要有勇气展示自己,你今天的表现就非常非常出色,你今后的表现一定会更出色。好,下面就让我们一同把剩下的一种方案的租金算出来吧。

在师生的共同研讨中得出:设租用 x 只大船,y 只小船,所付租金为 A 元。

则:$5x + 3y \geqslant 48$

$A = 53x + 32y$

因为:$0 < 5x < 48$ 且 x 为正整数

所以:$x = 9$ 时,$A_{最小值} = 509$,即租用 9 只大船和 1 只小船时,所付租金最少,最少租金为 509 元。此时有 45 人(5×9)坐大船,有 3 人坐小船……

师:今天的课程内容还有一项,那就是请×××同学(示意刚才的同学)谈谈这堂课的感想。

生:……以前我不敢发言,我怕说得不对,会被同学们笑话,而我前几天刚坐过游船,今天这个题目让我倍感亲切,所以一下子……我今天才发现不是这样……我今后还会努力发言的……

案例反思

从这一个学生的举手发言到说得头头是道的"意外"中,我明白了:学生需要一个能充分展示自我的自由空间,作为老师,我们需要给学生一个自由的、民主的氛围,能充分培养学生的自信,使学生都能产生发言的欲望,也能对问题畅所欲言,教师还应能及时捕捉到这一闪光点,给每一位学生都有展示的机会。也就是说要使学生全部积极参与教学,因为它集中体现了现代课程理念:活动、民主、自由。

1.民主是现代课程中的重要理念。民主最直接的体现是在课程实施中学生能够平等地参与。没有主动参与,只有被动接受,就没有民主可言。在课程进行中,教师应形成一种有利于学生主动参与的人际关系氛围。尊重是进行一切活动的前提,只有尊重学生,才能理解学生。

2.在提问时,应设计开放性的问题,如:"请你帮助设计一下,怎样才能使所付租金最少?"这样才没有限制学生的思维,给学生创设一个自由的空间,学生在这个空间中可以按自己的方式展开想象,畅所欲言。

3.在课堂上,老师应不只关注少部分学生,而应平等地对待每一个学生,让所有学生同时享有尊严和拥有一份自信。特别是发现一个平时不喜欢发言的学生举手时,应及时给他展示的机会,让他发言,学生在发言中,虽然有时不能把问题完全解决,老师也要充分地肯定这个学生的成绩和能够大胆发言的勇气。

4.学习任何知识的最佳途径是由自己去发现。因为这种发现理解最深,也最容易掌握其中的内在规律、性质和联系。所以我们没有理由怀疑学生的认知能力,应树立每一位学生都能成功的信念,巧妙运用课堂空间的开放技巧,让学生在广阔的课堂时空中愉悦地创新。

作为一名教师要及时了解并尊重学生的个体差异,积极评价学生的创新思维,从而建立一种平等、信任、理解和相互尊重的和谐的师生关系,营造民主的课堂教学环境,学生才会在此环境中大胆发表自己的见解,展示自己的个性特征,对于有困难的学生,教师要给予及时的关照与帮助,要鼓励他们主动参与教学活动,尝试用自己的方式去解决问题,发表自己的看法。我们数学教师还要在实践中继续探索数学教学的新方法、新途径、新形式。只有找到适合学生成长的途径,才能使学生健康成长。重要的是培养和激发学生强烈地热爱数学和钻研数学的兴趣,使学生产生学习数学的源动力,才能由原来的"要我学"变成"我要学",从而达到优化课堂,提高效率的目标。

(高密市蔡站中学 史万春)

设疑激思——"平行线的特征"

案例背景

　　本课选自义务教育课程标准实验教科书(北师大版)七年级数学下册第二章第三节——平行线的特征,它是平行线及直线平行的继续,是后面研究平移等内容的基础,是"空间与图形"的重要组成部分。学习本课要求学生掌握平行线的特征,能应用特征解决相关问题;在平行线的特征的探究过程中,让学生经历观察、比较、联想、分析、归纳、猜想、概括的全过程;在探究活动中,让学生获得亲自参与研究的情感体验,从而增强学生学习数学的热情和勇于探索、锲而不舍的精神。

案例描述

一、创设情境,引入新课

首先播放一组幻灯片。

内容:

1. 火车行驶在铁轨上。

2. 游泳池。

3. 横格纸。

师:日常生活中我们经常会遇到平行线,你能说出直线平行的条件吗?

生:(思考后回答)

1. 同位角相等,两直线平行。

2. 内错角相等,两直线平行。

3. 同旁内角互补,两直线平行。

师:(首先肯定学生的回答,然后提出问题)如果两直线平行,那么同位角、内错角、同旁内角各有什么关系呢?

引出课题——平行线的特征。

二、数形结合,探究特征

1. 画图探究,归纳猜想。

任意画出两条平行线（$a \parallel b$），画一条截线 c 与这两条平行线相交，标出 8 个角（如图）。

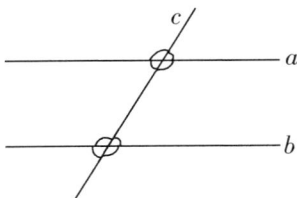

问题一：指出图中的同位角，并度量这些角，把结果填入下表：

	同位角	角的度数	数量关系
第一组			
第二组			
第三组			
第四组			

生：（画图—度量—填表—猜想）

结论：两直线平行，同位角相等。

问题二：再画出一条截线 d，看你的猜想结论是否仍然成立？

生：（探究、讨论）

最后得出结论：仍然成立。

2.教师用"几何画板"课件验证猜想。

3.结论：

特征 1：两条直线被第三条直线所截，同位角相等。（两直线平行，同位角相等）

三、引申思考，培养创新

问题三：请判断内错角、同旁内角各有什么关系？

生：（独立探究—小组讨论—成果展示）

师：（评价，引导学生说理）

结论：

特征 2：两条直线被第三条直线所截，内错角相等。（两直线平行，内

错角相等)

特征 3:两条直线被第三条直线所截,同旁内角互补。(两直线平行,同旁内角互补)

四、实际应用,优势互补

1.抢答

(1)如下图,平行线 *AB*、*CD* 被直线 *AE* 所截。

　　①若∠1 = 110°,则∠2 =(　　　)。理由(　　　　)。

　　②若∠1 = 110°,则∠3 =(　　　)。理由(　　　　)。

　　③若∠1 = 110°,则∠4 =(　　　)。理由(　　　　)。

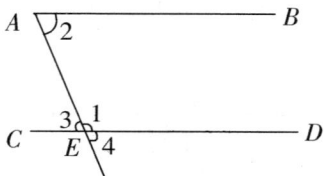

(2)如右图,由 *AB∥CD*,可得(　　　)

A.∠1=∠2　　　　　　B.∠2=∠3

C.∠1=∠4　　　　　　D.∠3=∠4

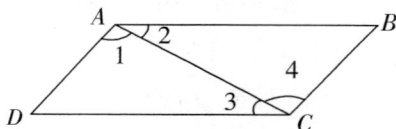

(3)如图,*AB∥CD∥EF*,那么∠*BAC*+∠*ACE*+∠*CEF*=(　　　)

A.180°　　　　　　B.270°

C.360°　　　　　　D.540°

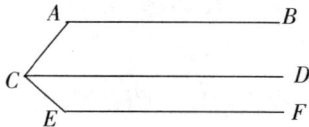

(4)谁问谁答:如图,直线 *a∥b*,

如:∠1=54°时,∠2=(　　　)

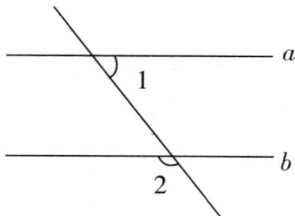

学生提问,并找出回答问题的同学。

2.讨论解答

下图是一块梯形铁片的残余部分,量得∠A＝115°,∠B＝107°,求梯形另外两角分别是多少度?

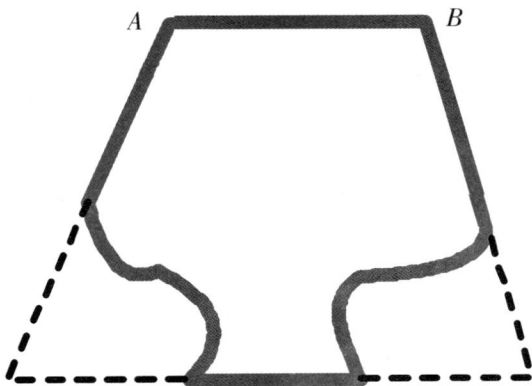

五、概括存储

1.平行线的特征 1、2、3。

2.用"运动"的观点观察数学问题。

3.用数形结合的方法解决问题。

六、作业

第 73 页知识技能第 1、2 题。

案例反思

数学课要注重引导学生探索与获取知识的过程而不单注重学生对知识内容的认识,因为"过程"不仅能引导学生更好地理解知识,还能够引导学生在活动中思考,更好地感受知识的价值,增强应用数学知识解决问题的意识,感受生活与数学的联系,获得"情感、态度、价值观"方面的体验。

在课堂中设置疑问,引发同学们的思考,对培养学生的数学思维有着事半功倍的效果。总之,在数学教学的花园里,教师只要为学生布置好和谐的场景和明晰的路标,然后就让他们自由地快活地去跳舞吧!

(营口市第二十九中学 隋洪娜)

趣味几何——"全等三角形"

案例背景

通过学习"全等三角形",让学生掌握全等三角形对应边相等、对应角相等的性质;使学生能利用全等三角形的特征解决一些简单的实际问题;激发学生的学习兴趣;使学生通过观察、操作、交流和合作,获得必需的数学知识;让他们在解决问题的过程中体会与他人合作的重要性。

案例描述

一、创设问题情境,引入新课

(电脑展示用"几何画板"制作的旋转的大风车。)

师:同学们,你们都见过大风车吧!"大风车转起来,各地的朋友来相会。"现在请你们仔细地观察这个大风车,看看它是由哪些图形组成的? 这些图形有什么特点?

生:它是由四个三角形组成的,这四个三角形是全等的。

师:同学们观察得非常好!在生活中,我们可以发现很多图案都是由全等的三角形组成的(用电脑展示图片)。今天,我们就一起来研究全等三角形。

二、新课讲解

1.通过观察引出全等三角形的有关概念。

师:全等三角形是全等图形的一种,哪些同学能仿照全等图形的概念说一说什么是全等三角形?

生:能够完全重合的两个三角形是全等三角形。

师:很好,看图:

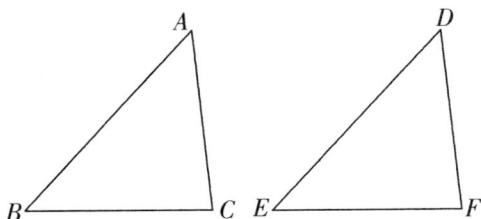

△ABC 与△DEF 能够重合(用电脑演示重合的过程),那么△ABC 与△DEF 就是全等三角形。我们可以发现:点 A 与点 D 重合,点 C 与点 F 重合。我们把这样相互重合的一对点就叫做对应顶点;AB 边与 DE 边重合,这样相互重合的边叫做对应边;∠A 与∠D 重合,那么它们就是对应角了。

你还能找出其他的对应顶点、对应边、对应角吗?

生:点 B 与点 E 是对应点,BC 边与 EF 边是对应边,AC 边与 DF 边也是对应边,∠B 与∠E 是对应角,∠C 与∠F 也是对应角。

师:同学们找得很正确。我们知道,两条直线平行、垂直都可以用符号来表示,那么全等三角形用什么来表示呢?

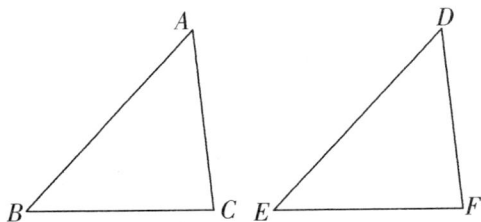

如图,△ABC 与△DEF 全等,即这两个三角形能够完全重合。我们把它记作:△ABC≌△DEF。读作"△ABC 全等于△DEF"。

大家注意:记两个三角形全等时,通常把表示对应顶点的字母写在对应的位置上。如图,点 A 与点 D、点 B 与点 E、点 C 与点 F 是对应点,记作:△ABC≌△DEF。

2.想一想。

全等三角形的对应边、对应角之间有什么样的关系?

（播放两个三角形重合的过程。）

生：全等三角形的对应边相等，对应角相等。

师：好的，这就是全等三角形的性质。

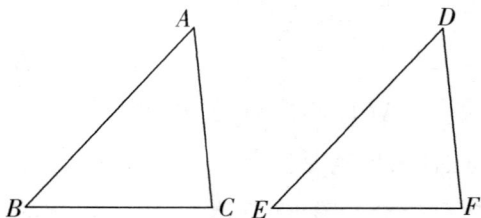

如图，若△ABC≌△EFD，则∠A＝∠E，∠B＝∠F，∠C＝∠D；AB＝EF，AC＝ED，BC＝FD。

3.练一练（电脑展示图形）。

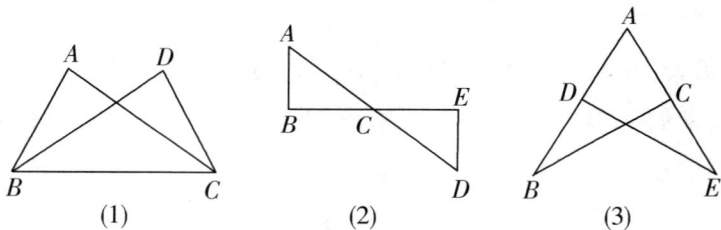

(1)　　　　　(2)　　　　　(3)

（1）在上图（1）中，△ABC≌△DCB，则 AB＝（　　　），AC＝（　　　），BC＝（　　　）。

（2）在上图（2）中，△ABC≌△DEC，则∠A＝（　　　），∠B＝（　　　），∠ACB＝（　　　）。

（3）在上图（3）中，△ABC≌△AED，则∠BAC＝（　　　），∠B＝（　　　），∠ADE＝（　　　）。

生：在上图（1）中，AB＝CD，AC＝DB，BC＝CB。

在上图（2）中，∠A＝∠D，∠B＝∠E，∠ACB＝∠DCE。

在上图（3）中，∠BAC＝∠EAD，∠B＝∠E，∠ADE＝∠ACB。

师：仔细观察上图中的3幅图，两个全等三角形边与边、角与角之间有什么特殊的位置关系？

生:上图(1)中,两个全等三角形有一条边是重合的(即有一条公共边);上图(2)中,两个全等三角形有一个角是对顶角;上图(3)中,全等的两个三角形有一个角是重合的(即有一个公共角)。

师:经过上面的练习,我们知道这些重合的边(或角)就是对应边(或角)。因此我们就可以得到:在全等三角形中,公共边往往是对应边;公共角往往是对应角;对顶角往往是对应角。同学们总结得非常好,有了这些规律,我们就更容易找出全等三角形的对应边与对应角了。

4.议一议(电脑给出题目)。

一个三角形是一个等边三角形,你能把它分成两个全等的三角形吗? 你能把它分成三个、四个全等的三角形吗?

(给充分的时间让学生思考、交流,然后每组派一个代表发言。)

生 1:我对折这个等边三角形,使一个角的两边重合,发现对折后的两个三角形完全重合,这样就把一个等边三角形分成两个全等的三角形了。

生 2:因为等边三角形的各边都相等,各角都相等,所以根据全等三角形的对应边、对应角相等,可作一个角的角平分线,这样也可以把一个等边三角形分成两个全等的三角形。

生 3:我用折纸的方法把一个等边三角形分成三个全等的三角形。

生 4:用折纸的方法也可以把一个等边三角形分成四个全等的三角形。

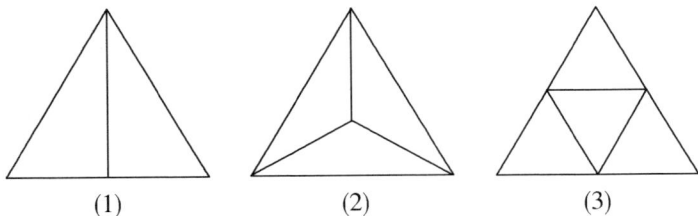

     (1)   (2)   (3)

师:大家说得很好,我们通过观察、动手操作解决了这个问题,同时,在这个过程中,我们也进一步理解了全等三角形的概念和性质。

下面我们通过练习进一步掌握全等三角形的性质。

三、随堂练习

1.课本随堂练习。

2.补充练习：

（1）已知△ABC≌△DEF，$AB=5\text{cm}$，$BC=8\text{cm}$，$AC=12\text{cm}$，你能求出△DEF的周长吗？

（2）已知△ABC≌△EFD，$\angle A=50°$，$AC=4\text{cm}$，$BC=6\text{cm}$，你能得出△EFD中哪些角的大小及哪些边的长度？

四、小结

师：通过本节课的学习，你有什么收获？

生1：通过这节课的学习，我知道了全等三角形的概念、表示方法及其性质。

生2：通过这节课的学习，我还知道了找全等三角形的对应边、对应角的方法。

案例反思

本节课的教学设计经过实际的教学检验，成功之处有：

1.创设问题情境好，旋转的大风车吸引了学生，激起了他们的求知欲望。

2.在教学中运用教学媒体的效果好。

教学的不足之处：列举生活中的实例太少，缺乏开放性的题目。

（佚名）

自主发现——"多边形内角和"

案例背景

本节课是人民教育出版社义务教育课程标准实验教科书(六三学制)七年级教学下册第七章第三节多边形及其内角和。通过学习本课,让学生了解多边形内角和公式;通过把多边形转化成三角形体会转化思想在几何中的运用,同时让学生体会从特殊到一般的认识问题的方法;通过探索多边形内角和公式,尝试从不同角度寻求解决问题的方法并能有效地解决问题;通过猜想、推理活动感受数学活动充满着探索以及数学结论的确定性,提高学生学习热情。

案例描述

一、创设情境,激发思考

师:大家都知道三角形的内角和是 180°,那么四边形的内角和,你知道吗?

活动一:探究四边形内角和。

在独立探索的基础上,学生分组交流与研讨,并汇总解决问题的方法。

方法一:用量角器量出四个角的度数,然后把四个角加起来,发现内角和是 360°。

方法二:把两个三角形纸板拼在一起构成四边形,发现两个三角形内角和相加是 360°。

接下来,我在方法二的基础上引导学生利用作辅助线的方法,连接四边形的对角线,把一个四边形转化成两个三角形。

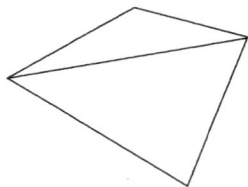

师:你知道五边形的内角和吗?六边形呢?十边形呢?你是怎样得

到的?

活动二:探究五边形、六边形、十边形的内角和。

学生先独立思考每个问题再分组讨论。

关注:1.学生能否类比四边形的方式解决问题得出正确的结论。

2.学生能否采用不同的方法。

学生分组讨论后进行交流(五边形的内角和)。

方法1:把五边形分成3个三角形,3个180°的和是540°。

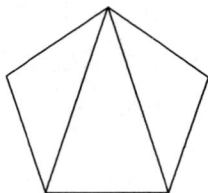

方法2:从五边形内部一点出发,把五边形分成5个三角形,然后用5个180°的和减去一个周角360°,结果得540°。

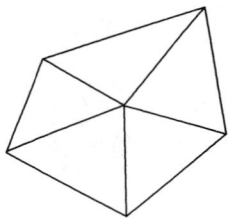

方法3:从五边形一边上任意一点出发把五边形分成4个三角形,然后用4个180°的和减去一个平角180°,结果得540°。

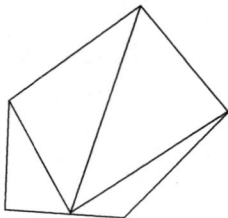

方法4:把五边形分成一个三角形和一个四边形,然后用180°加上360°,结果得540°。

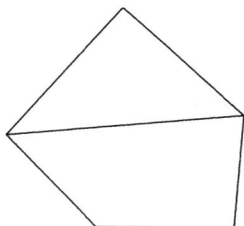

师:你真聪明！做到了学以致用。

交流后,教师运用几何画板演示并验证得到的方法。得到五边形的内角和之后,同学们又认真地讨论起六边形、十边形的内角和。类比四边形、五边形的讨论方法最终得出,六边形内角和是 $720°$,十边形内角和是 $1440°$。

二、引申思考,培养创新

师:通过前面的讨论,你能知道多边形内角和吗?

活动三:探究任意多边形的内角和公式。

思考:1.多边形内角和与三角形内角和的关系?

2.多边形的边数与内角和的关系?

3.从多边形一个顶点引的对角线分得三角形的个数与多边形边数的关系?

学生结合思考题进行讨论,并把讨论后的结果进行交流。

发现1:四边形内角和是 2 个 $180°$ 的和,五边形内角和是 3 个 $180°$ 的和,六边形内角和是 4 个 $180°$ 的和,十边形内角和是 8 个 $180°$ 的和。

发现2:多边形的边数增加1,内角和增加 $180°$。

发现3:一个 n 边形从一个顶点引出的对角线可将 n 边形分成 $(n-2)$ 个三角形。

得出结论:多边形内角和公式: $(n-2)\cdot 180$。

三、实际应用,优势互补

1.口答:

(1)七边形内角和是(   )。

(2)九边形内角和是（ 　　 ）。

(3)十边形内角和是（ 　　 ）。

2.抢答：

(1)一个多边形的内角和等于 1260°，它是几边形？

(2)一个多边形的内角和是 1440°，且每个内角都相等，则每个内角的度数是（ 　　 ）。

3.讨论回答：一个多边形的内角和比四边形的内角和多 540°，并且这个多边形的各个内角都相等，这个多边形每个内角等于多少度？

四、概括存储

学生自己归纳总结：

1.多边形内角和公式。

2.运用转化思想解决数学问题。

3.用数形结合的思想解决问题。

案例反思

1.教的转变

本节课教师的角色从知识的传授者转变为学生学习的组织者、引导者、合作者与共同研究者，在引导学生画图、测量发现结论后，利用几何画板直观地展示，激发学生自觉探究数学问题，体验发现的乐趣。

2.学的转变

学生的角色从学会转变为会学。本节课学生不是停留在学会课本知识层面，而是站在研究者的角度深入其境。

3.课堂氛围的转变

整节课以"流畅、开放、合作、'隐'导"为基本特征，教师对学生的思维减少干预，教学过程呈现一种比较流畅的特征。整节课学生与学生、学生与教师之间以"对话"、"讨论"为出发点，以互助合作为手段，以解决问题为目的，让学生在一个比较宽松的环境中自主选择获得成功的方向。

（佚名）

第三节　广博英语

中学英语课程的性质和目标

外语是基础教育阶段的必修课程,英语是外语课程中的主要语种之一。

英语课程的学习,既是学生通过英语学习和实践活动,逐步掌握英语知识和技能,提高语言实际运用能力的过程;又是他们磨砺意志、陶冶情操、拓展视野、丰富生活经历、开发思维能力、发展个性和提高人文素养的过程。

基础教育阶段英语课程的任务是:激发和培养学生学习英语的兴趣,使学生树立自信心,养成良好的学习习惯和形成有效的学习策略,发展自主学习的能力和合作精神;使学生掌握一定的英语基础知识和听、说、读、写技能,形成一定的综合语言运用能力;培养学生的观察、记忆、思维、想象能力和创新精神;帮助学生了解世界和中西方文化的差异,拓展视野,培养爱国主义精神,形成健康的人生观,为他们的终身学习和发展打下良好的基础。

初中英语课程目标分为三级,分别是三级、四级、五级。总体来说,这三级目标要分别达到:

三级

对英语学习表现出积极性和初步的自信心。能听懂关于熟悉话题的语段和简短的故事。能和教师或同学就熟悉的话题(如学校,家庭生活)交换信息。能读懂小故事及其他文体的简单的书面材料。能参照范例或借助图片写出简单的句子。能参与简单的角色扮演等活动。能尝试使用适当的学习方法,克服学习中遇到的困难。能意识到语言交际中存在文化差异。

四级

明确自己的学习需要和目标,对英语学习表现出较强的自信心。能在所设置的日常交际情景中听懂对话和小故事。能就熟悉的生活话题交流信息和简单的意见。能读懂短小故事。能写便条和简单的书信。能尝试使用不同的教育资源,从口头和书面材料中提取信息,扩展知识,解决简单的问题并描述结果。能在学习中互相帮助,克服困难。能合理计划和安排学习任务,积极探索适合自己的学习方法。

在学习和日常交际中能注意到中外文化差异。

五级

有较明确的英语学习动机和积极主动的学习态度。能听懂教师有关熟悉话题的陈述并参与讨论。能就日常生活的各种话题与他人交换信息并陈述自己的意见。能读懂供7～9年级学生阅读的简单读物和报刊,杂志,克服生词障碍,理解大意。能根据阅读目的运用适当的阅读策略。能根据提示起草和修改小作文。能与他人合作,解决问题并报告结果,共同完成学习任务。能对自己的学习进行评价,总结学习方法。能利用多种教育资源进行学习。进一步增强对文化差异的理解和认识。

同时,初中英语课程对教师提出了要求。

一、面向全体学生,为学生全面发展和终身发展奠定基础

教学设计要符合学生生理和心理特点,遵循语言学习的规律,力求满足不同类型和不同层次学生的需求,使每个学生的身心得到健康的发展。在教学中教师应该注意:

1.鼓励学生大胆地使用英语,对他们学习过程中的失误和错误采取宽容的态度;

2.要为学生提供自主学习和相互交流的机会以及充分表现和自我发展的空间;

3.鼓励学生通过体验、实践、讨论、合作、探究等方式,发展听、说、读、写的综合语言技能;

4.创造条件让学生能够探究他们自己感兴趣的问题并自主解决问题。

二、关注学生的情感,营造宽松、民主、和谐的教学氛围

学生只有对自己、对英语及其文化、对英语学习有积极的情感,才能保持英语学习的动力并取得成绩。消极的情感不仅会影响英语学习的效果,而且会影响学生的长远发展。因此,在英语教学中,教师应该自始至终关注学生的情感,努力营造宽松、民主、和谐的教学氛围。

英语教师要做到:

1.尊重每个学生,积极鼓励他们在学习中的尝试,保护他们的自尊心和积极性;

2.把英语教学与情感教育有机地结合起来,创设各种合作学习的活动,促使学生互相学习、互相帮助,体验集体荣誉感和成就感,发展合作精神;

3.特别关注性格内向或学习有困难的学生,尽可能多地为他们创造语言实践的机会;

4.建立融洽、民主的师生交流渠道,经常和学生一起反思学习过程和学习效果,互相鼓励和帮助,做到教学相长。

三、倡导"任务型"的教学途径,培养学生综合语言运用能力

《九年义务教育英语课程标准》以学生"能做某事"的描述方式设定各级目标要求。教师应该避免单纯传授语言知识的教学方法,尽量采用"任务型"的教学途径。

教师应依据课程的总体目标并结合教学内容,创造性地设计贴近学生实际的教学活动,吸引和组织他们积极参与。学生通过思考、调查、讨论、交流和合作等方式,学习和使用英语,完成学习任务。

在设计"任务型"教学活动时,教师应注意以下几点:

1.活动要有明确的目的并具有可操作性;

2.活动要以学生的生活经验和兴趣为出发点,内容和方式要尽量真实;

3.活动要有利于学生学习英语知识、发展语言技能,从而提高实际语言运用能力;

4.活动应积极促进英语学科和其他学科间的相互渗透和联系,使学生的思维和想象力、审美情趣和艺术感受、协作和创新精神等综合素质

得到发展;

5.活动要能够促使学生获取、处理和使用信息,用英语与他人交流,发展用英语解决实际问题的能力;

6.活动不应该仅限于课堂教学,而要延伸到课堂之外的学习和生活之中。

四、加强对学生学习策略的指导,为他们终身学习奠定基础

使学生养成良好的学习习惯和形成有效的学习策略是英语课程的重要任务之一。教师要有意识地加强对学生学习策略的指导,让他们在学习和运用英语的过程中逐步学会如何学习。教师应做到:

1.积极创造条件,让学生参与制订阶段性学习目标以及实现目标的方法;

2.引导学生结合语境,采用推测、查阅或询问等方法进行学习;

3.设计探究式的学习活动,促进学生实践能力和创新思维的发展;

4.引导学生运用观察、发现、归纳和实践等方法,学习语言知识,感悟语言功能;

5.引导学生在学习过程中进行自我评价并根据需要调整自己的学习目标和学习策略。

五、拓展学生的文化视野,发展他们跨文化交际的意识和能力

语言与文化有密切的联系,语言是文化的重要载体。教师应处理好二者的关系,努力使学生在学习英语的过程中了解外国文化,特别是英语国家文化;帮助他们提高理解和恰当运用英语的能力,不断拓展文化视野,加深对本民族文化的理解,发展跨文化交际的意识和能力。

六、利用现代教育技术,拓宽学生学习和运用英语的渠道

教师要充分利用现代教育技术,开发英语教学资源,拓宽学生学习渠道,改进学生学习方式,提高教学效果。在条件允许的情况下教师应做到:

1.利用音像和网络资源等,丰富教学内容和形式,提高课堂教学效果;

2.利用计算机和多媒体教学软件,探索新的教学模式,促进个性化学习;

3.合理地开发和利用广播电视、英语报刊、图书馆和网络等多种资源,为学生创造自主学习的条件。

七、组织生动活泼的课外活动,促进学生的英语学习

根据学生的年龄特点和兴趣爱好,积极开展各种课外活动,有助于学生增长知识、开阔视野、发展智力和个性、展现才能。教师应有计划地组织内容丰富、形式多样的英语课外活动,如朗诵、唱歌、讲故事、演讲、表演、英语角、英语墙报、主题班会和展览等。教师要善于诱导,保护学生的好奇心,培养他们的自主性和创新意识。

八、不断更新知识结构,适应现代社会发展对英语课程的要求

教师应不断更新知识结构,适应现代社会发展对英语课程的要求。为此,教师应该做到:

1.准确把握本课程标准的理念、目标和内容,运用教育学和心理学理论,研究语言教学的规律。根据学生的心理特征和实际情况,选择和调整英语教学策略;

2.发展课堂教学的调控和组织能力,灵活运用各种教学技巧和方法;

3.掌握现代教育技术,并能在自己的继续学习和实际教学之中加以运用;

4.自觉加强中外文化修养,拓宽知识面;

5.要根据教学目标、学生的需要以及当地客观条件,积极地和有创造性地探索有效的教学方法;

6.不断对自己的教学行为进行反思,努力使自己成为具有创新精神的研究型教师。

九、遵循课时安排的高频率原则,保证教学质量和效果

7～9 年级的英语课程建议每周不少于四课时。

寓教于乐——"这个用英语怎么说?"

案例背景

这个单元主要教一些物品的名称,如:学习用品、服装、水果、家具等等。要求学生能用下列句型进行交流。

A:What's this in English?

B:It's a pen.

A:Spell it, please.

B:P-E-N, pen.

本单元安排在 26 个字母之后,因此,字母的认读,单词的拼写,以及单词的读音也是本课的重点。

在课堂设计的过程中,考虑到这节课的具体情况为:单词较少,绝大多数学生都已在小学学过。但是,由于我所教班级学生的英语基础比较薄弱,加上小学英语的要求和初中英语的要求不同,虽然他们在小学已经学过部分内容,他们对知识点的掌握程度还是达不到初中水平。鉴于以上种种原因,我尝试着用让学生自己教会自己的方法来完成这节课的教学。整节课,我设计了绘画比赛,问答学习,调查统计等几个环节,一环紧扣一环,让学生在潜移默化中自然而然地学到了新知识。实践证明,我这样的安排不仅调动了已会同学的积极性,让他们尝到了为人师的成就感和自豪感;还让那些不会的同学有了更多更好的学习机会,排除了师生之间的隔阂,让他们从自己的同龄人中学习,他们感到自然容易接受。这不失为本课的一大闪光点。

案例描述

上课前,我准备了四张图画纸。在师生互相问好以后,我把全班分成 A,B,C,D 四大组,然后把这四张纸分给他们,每组一张。要求他们在 5 分钟以内完成一幅画。A 组画水果,B 组画学习用品,C 组画家具,D 组画服装及床上用品。接着,我把他们的绘画成果用实物投影仪展示在屏幕上，然后指着下列物品：

a pen, a book, a pencil, a ruler, a pencil case, a backpack, a pencil sharpener, a dictionary, an eraser

T：What's this in English?

S：It's a pen.

T：Spell it, please.

S：P-E-N, pen.

我示范性地问两次，然后请学生来互相问答，同时，板书下列物品：

pen, book, pencil, ruler, pencil case, backpack, pencil sharpener, dictionary, eraser

再让学生跟读几次上面的物品，以帮助那些还不会的同学掌握它们的读音和拼写形式。接着，老师在电脑上依次展示出以上物品中的任意一件的图片，并引导他们正确使用 a 和 an 进行问答。最后，由他们自己归纳出 a 和 an 的基本用法。

接下来，我安排了一个知识延伸的环节，让学生充分利用他们自己亲手绘制的图片，用 What's this in English? It's a / an...的结构互相教学另外一些单词，如：an apple, an orange, a banana, a pear, a grape, a watermelon, a bed, a desk, a chair, a blackboard, a bag, a notebook, a shoe, a jacket, a hat 等等。学生的词汇量之大，完全出乎我的意料。这也是这节课成功的重要原因之一。

最后，在下课前，我给他们布置了一道既达到了知识延伸的效果，又激发了他们学习兴趣的家庭作业：让他们去寻找生活中的一件常见物品，并按照下列形式用英文写在练习本上。

I have a bed, a quilt, a computer, a room, a house, an egg and so on.

在做作业过程中，他们可以互相讨论，互相学习。也可以查阅各种书籍，甚至是字典，以激发他们对英语学习的浓厚兴趣，为他们将来的学习打下良好的基础。

案例反思

通过这一系列的活动,充分调动了学生的动手、动口、动脑的积极性并培养了学生协同工作的能力,让他们得以全身心地投入到老师所安排的各项活动中,并能在活动中发现自我、表现自我。从而真正达到了寓教于乐、玩中学、学中玩的教学效果。

这节课后,绝大部分学生能够牢固掌握所学基础知识,并能自如地运用基本句型进行交际。下课后,很多同学还未从课堂的热烈气氛中走出来,以至于他们不由自主地发出了肺腑之言:我喜欢英语,我喜欢英语课,我喜欢这么有趣的英语课。我想,这应该是这节课的绝妙之处。

当然,任何事物都有两面性。虽然这节课不失为一节成功的英语课,但它也有值得改进的地方。一方面,学生在绘画过程中不一定完全符合老师的意图,这时就需要老师进行适当的调节或指点,力求他们能够把这节课的生词用图画的形式呈现出来。另一方面,由于一部分学生的胆怯害羞心理,他们说话比较轻,以至于部分同学听不到或者听不清,从而造成课堂秩序的暂时混乱。如果有机会再上一次这节课,我想,我有必要准备一个话筒,让学生走上讲台,拿着话筒,像一个主持人一样把自己的风采展现给全班同学,以达到这节课的完美境界。

(佚名)

因材施教——"你怎么做香蕉奶昔?"

案例背景

　　根据单元特点,我认为 How do you make a banana milk shake? 的第一课时,即导入课应一方面让学生掌握知识点,另一方面能真正让学生动手制作 shake,培养学生的动手能力,提高学生的学习兴趣。因此,我提前让两个班的每个学生准备自己喜欢的水果,而我自己也准备了榨汁机、酸奶、纸杯、刀等制作 shake 需要的东西。我想这节课一定会生动、有趣,受学生欢迎。

案例描述

　　第一节课在 1 班上,我满怀信心地走进教室。一开始很顺利,学生很兴奋地看着我制作 shake,听着我用英语讲解制作步骤,一杯 shake 很快制作好了。是该给学生品尝的时候了,然而当学生看了看做好的 shake 的样子,闻了闻味道,说什么也不肯尝试。上课前一天我亲自在家做了一杯 shake。说实话,的确没有"卖相",而且闻起来味道也不怎么好,但喝起来味道还不错,据说还有美容、保健的功效。然而,不管我怎样劝说,都没有人愿意尝一口。学生不愿喝,当然就没兴趣用自己带来的新鲜水果来制作 shake。可以说,我这堂课的教学失败了,我看着剩下的酸奶,灵机一动,我决定把下节课制作水果沙拉的内容提前来上。虽然也达到了一定的教学目标,但因为没有完成自己的教学设计,所以觉得还是有缺憾。说实话,当时我觉得这些学生真不懂配合。

　　这堂课不成功,本应马上进行总结,加以改正。但紧接着,在 2 班就有第二节课,而且还有老师来听课。于是,我只好硬着头皮走进教室,按照我的计划进行教学。

　　然而出乎我意料的是,学生们很积极地响应,在我制作时,很多学生在认真看,在我用英语讲解制作步骤时,很多学生在认真听,还小声地复述,有的还在记笔记。当 shake 做好时,许多学生争先恐后地要求品尝,引得听课的老师也要求品尝一下。在轮到由学生自己边制作 shake,边用英语介绍材料以及制作步骤时,很多学生都愿意上来试一试,而且做得也很好。可以说这堂课比较成功。

同样的老师,同样的准备,同样的教学设计,为什么会有不同的教学结果?上完课后,我认真地思考了这个问题。我发现我在备课时忽略了"备人",忽略了不同的班、不同的学生有不同的性格特点。由于我是 2 班的班主任,因此很了解 2 班学生的特点:活泼、积极、爱尝试,在备课时可能不自觉地以 2 班作为对象;而对 1 班的学生了解不多,因此导致了这堂课的失败。

我还是有点不甘心,于是在总结经验以及在和 1 班班主任交谈以后,我决定把第一课时未完成的内容补上。第二天上课,我准备了 45 杯 shake(1 班学生每人一杯),上课时我让学生闭上眼睛,并放了一段大多数学生喜欢的音乐,趁这个机会把 shake 放到了他们面前,告诉他们要玩一种猜物游戏(猜猜面前这杯饮料是用什么做的),猜对有奖,但规则是不许看,也不许闻。我数 1、2、3,大多数学生按照要求一饮而尽。当然大多数学生都猜不到这种味道还不错的饮料是他们昨天"死也不喝"的 shake。有这样的开头,这堂课也就变得顺利起来了。

案例反思

从以上的课堂教学中,我体会到了什么是"因材施教"以及"因材施教"的目的和意义。"因材施教"是我国教育思想的精华,所谓"夫子教人,各因其材",就是指孔子在长期的教学实践中创造出来的这一重要教学方法和原则。要做到"因材施教",这就要求全面深入研究学生、了解学生、从学生的实际情况出发进行教学;其次,要面向大多数,教学深度和进度都要使大多数学生经过努力能够接受,同时注意集体教学条件下的个别对待;第三,要采取有力的有针对性的措施,如加速学习(跳级),减速学习(延长学时),组织兴趣小组等,把因材施教落实到每个学生身上,使学生都能从自身实际出发,更好地学习成才。换句话说,因材施教是为每个学生提供符合其身心发展所需的教育,这是一种适应性教育。如果不顾学生个体差异,用一种模式、一种方法使学生被迫地、被动地接受教育,实在太不平等。活生生的人的个性之光将黯然失色,源源不绝的人的智慧之泉则面临冰冻甚至枯竭;充满幻想的人的创造灵感会消失殆尽。这些道理大家都懂,但真正做得好又确实不易。所以,它是一个常讲常新的话题。在今后的教学中,我会更加注意这个问题,并多向有经验的教师请教,使自己在教育、教学中更进一步。

(佚名)

因势利导——"什么事情能破坏环境?"

案例背景

在教授本课的过程中,通过列举污染源,想让学生更清楚当前环境的不尽如人意,保护环境刻不容缓,从而使学生增强保护环境的意识。他们动脑筋、想办法,积极讨论保护环境的措施,在不知不觉中提高了英语语言运用能力。

案例描述

T:There is much pollution all over the world now. Can you tell me what it is?

(学生很快地回答。)

Ss:Water pollution, air pollution, noise pollution, soil pollution,etc.

T:Do you know what causes water pollution?

Ss:Factories pour waste water into rivers and lakes.

T:All the factories?

Ss:No.

T:What factories?

Ss:Paper factories, printing and dyeing mills, plastic factories, etc.

(学生不会用英语说"印染厂及塑料厂",他们说中文,我说英文。)

T:What else can cause water pollution, too?

Ss:Some people throw rubbish into rivers and lakes.

T:How can we help to solve this problem?

(学生们分组讨论解决办法。)

Ss:We can advise the directors of these factories to stop pouring waste water into rivers and lakes.

T：If they don't accept your advice,what else can we do?

（学生们讨论得更热烈了,过了一会儿,他们七嘴八舌地发表意见。）

Ss：

1. We can write a letter to Green China about it.

2. We can also ask newspaper reporters and TV station reporters to report these factories.

...

T：There is a paper factory in my hometown.It pours waste water into the river every day.The people in the town drink the water of the river every day.They have advised the leader to stop pouring waste water into the river many times.But he never accepts it.Can you write a letter about it to Green China?

（学生异口同声地说" Yes "。由于写作太费时间,这封信作为家庭作业,请同学们写在作业本上。）

T：You have told me what causes water pollution and how to solve this problem.You are very clever.Thank you very much.But can you tell me what causes air pollution?

Ss：The smoke of factories,the smoke given out by buses,cars, trucks,motorbikes,etc.

T：There aren't many factories in our city,Hangzhou.But the air is not good enough.Why?

Ss：Because there is much traffic.

T：Can you think out a way to solve this problem?

（学生们分组讨论解决方案,基础差的同学也纷纷参与,只不过在用中文说,基础好的同学在帮他们翻译。）

Ss：

1. We can plant more trees on roads.

2. We can ask people not to drive their cars to work.

3. We can ask people to ride bikes to work.

4. We can tell people riding bikes is good for their health.

...

T：If their homes are far away from their workplaces，can they ride bikes to work?

Ss：No.

T：How can we solve it?

（学生们兴致更高了。你说一句,我说一句。）

Ss：We can ask the leader of the city to develop the public traffic，such as adding more buses，building underground,etc.

T： We have thought out many methods to improve our environment. I will try my best to tell our government that something must be done to make Hangzhou more beautiful.

Have you ever made any pollution?

Ss：Yes.

T：Can you tell me something about it?

Ss：Yes.

S1：I sometimes spit in public places.

S2：I sometimes draw on public walls.

S3：I cut down a small tree in my school in Grade One.I feel very sorry now.

S4：We sometimes throw litter on the ground in and out of our classroom.

S5：I often don't pick up rubbish in public places.

...

（我乘机问全班同学下列问题。）

T：Will you spit in public places from now on?

Ss：No.

T：Will you draw on public walls any more?

Ss：No.

T：Will you cut down trees in the future?

Ss：No.

T：Will you throw rubbish in public places?

Ss：No.

……

这时候，同学们情绪很高涨，他们几乎是异口同声地说：

We must try our best to make our city（our country）the most beautiful one in the world.

案例反思

1.本文所设计的课程实际上是英语课与生物课中的"环保"章节的整合。我让学生列举污染问题，学生讲出了很多的污染问题——空气污染、水污染、土壤污染、噪音污染等等。实际上让学生复习了生物课中刚学的"大气与健康"、"土壤与健康"、"水与健康"等环保知识。

2.我让学生分组讨论如何解决这些污染问题，巧妙地运用了合作学习法，不但培养了学生探究问题和自主解决问题的能力，而且也培养了学生的参政议政的意识。同学们以主人翁的身份，提出了种种解决方法。解决水污染问题，他们先用劝说的办法，当此法行不通时，再借助新闻媒体的力量，最后，上告政府；解决空气污染问题，他们号召人们骑车上班。当老师提醒他们，若家离工作地方很远，不能骑车上班时，他们马上想到了公共交通。他们要求政府增加公交车辆，建造地铁。

3.在授课过程中我因势利导，请他们回忆一下，以前有否做过有损于环保的事情。其实是英语课与政治课的整合。在这么和谐、民主、激动的气氛中，同学们毫无顾忌，畅所欲言，纷纷讲述了自己以前的不文明表现。当老师问他们以后还会做这种事吗？他们很真心地回答"No"。自然恰当的德育渗透，起到一箭双雕的作用，使活动达到了高潮。

总之，整个过程，我并不是在"教教材"，而是在"用教材教"。教师应该根据学生的实际情况和生活经验创造性地使用教材，从学生熟悉的知识入手，创建一个个与学生生活密切相关的问题情境，让学生带着问题思考，寻找解决问题的办法。真正体现了《新课标》的精神——"在发展语言能力的同时，发展思维能力，激发想象力和创造力。"

活动不应该仅限于课堂教学，而要延伸到课堂之外的学习和生活之中。同学们回忆自己的不文明行为，作自我批评，是活动的高潮，是自我教育，提高环保意识的最有效手段。当时，教师应该趁热打铁，利用同学们的这份热情，让同学们利用课余时间，用英语采访同年级的其他班同学，让同学们在同龄人面前很自然地回忆自己的不文明行为。然后，以此为依据，让本班同学用英语向全校同学发一份以"保护环境"为内容的倡议书。这不但会在全校兴起一股学英语的热潮，还会使环保意识深入人心。这是实实在在的任务型教学，体现了学中用、用中学的《新课标》精神。让学生在实现任务的同时，感受成功，以形成积极的学习态度，促进英语语言实际运用能力的提高。这才真正符合《新课标》的理念。

（佚名）

在生动的英语课堂学语法

案例背景

本课为牛津英语教材 Grammar 中有关 Reported speech 的内容。笔者把这节课的重点定为五种时态的变形。由于在上学期学生已接触了直接引语变间接引语时态不发生变化的情况,学生对人称的变化已经掌握,因而本节课只需提及,不必列为重点。

本节课由呈现简笔画引入,让学生猜测图中人物的语言。再列出图中人物的原话,让学生引述。教师在学生使用间接引语中提醒他们对时态的关注。呈现完五种时态的变化形式,再附之以练习。让学生在机械操练中掌握间接引语的时态变化。为了让学生对本节课的重点内容达到熟练掌握的程度及增强学习的趣味性,笔者又设计了"传话"和"我是小记者"两项活动。"传话"这一活动旨在口头操练间接引语;"我是小记者"则是通过进行听和写的练习来巩固此语法知识。

最后,由学生再次归纳直接引语变间接引语时的时态变化。

案例描述

片段一:"传话"活动的开展

T:Boys and girls, let's play a game. OK?

Ss:OK.

T:The game is called "Tell me what he/she said." A student says a sentence to someone; the listener tells us what he/she said.

Model:

A:I am sad.

B:He said he was sad.

(在 B 同学回答完后,教师将句子投影到屏幕上,让其他同学判断 B 同学转述的是否正确。)

T:You can write down your sentences first.

（给他们 2 分钟时间写句子。）

S1：I am writing.

S2：He said that he is writing.

T：Is she right?

Ss：No.

T：Who can help her?

（教师温和地询问。）

Ss：He said that he was writing.

（教师发现虽然在前面操练的效果不错，但在进行口头练习时，错误的频率还是很高，部分学生似乎跟不上。于是笔者先让学生把句子投影到屏幕上，再把句子读给大家听，让所有的学生有思考的时间。）

S3：（Show the sentence on the screen）I will visit Beijing.

S4：She said that she would visit Beijing.

S5：（Show the sentence on the screen）I went to Xuanwu Lake last week.

S6：She said that she had gone to Xuanwu Lake last week.

（时间状语的变形并不是笔者今天所教内容，指出错误是必然的，但该如何解释，这是笔者设计时未考虑的，因而笔者只是把正确的表述教给学生。）

T：Pay attention to the adverbials of time "last week". We should change it into "the week before". "Tomorrow I will tell you the reason…"

（在八个学生做完此练习后，笔者让全班同学集体把这 4 个间接引语的句子大声朗读一遍，再次巩固直接引语改间接引语的时态变化。）

T：Let's say these sentences together.

T and Ss：He said that he was sad. He said that he was writing. She said that she would visit Beijing. She said that she had gone to Xuanwu Lake the week before.

案例反思

我认为,英语教学的主要目的是培养学生掌握并运用英语的能力,英语教学应该为学生创设他们喜闻乐见的合适的情境,给予他们充分的时间和空间,让他们成为学习的主人。英语教师,首先应该激发学生的学习英语的兴趣和积极性,增强学生的记忆效率,以达到最终的教学目的。如果一味地采用传统的英语教学方法讲授语言规则,让学生脱离语言环境去做大量机械、枯燥乏味的知识训练,学生的学习兴趣当然不高。因而,在本堂课中,我设计了两个活动,让学生在情景中练习间接引语,增强学习的兴趣,锻炼了口语表达能力。在活动的开展过程中,我发现活动的效能远不如自己所期望的那样。例如,在活动伊始,我过高地估计了学生的听的能力。大多数学生无法在头脑中对直接引语进行转变,有的甚至对原话复述都存在困难。因此,活动的设计以及活动中出现的意外状况都需要设计者在之前进行周密思考及在课堂上进行变通。

现对英语课堂上的活动如何发挥效能作如下反思:

1.设计与学生实际英语水平相当的活动。由于地域、师资和学习起始时间等因素的影响,各校各班的学生的差异相当大。因此在备课过程中,教师一定要认清学生的英语实际水平。笔者在本活动开始时,高估了学生听的能力。在及时认识这一不足后,调整了呈现与听的顺序,让学生看了再听,再想,再反应。虽然活动也延续了下去,但听的作用似乎不大。笔者在课后与学生的交流中了解到,学生只是对听到的句子时态不太明确,基本还是听得清楚的。在了解学生听的能力这一真实水平后,笔者认为在布置写句子时,事先圈定每组所选用的时态,并让读句子的同学读的同时,写出句中出现的动词形式。这样能够保证所有学生能准确地获取信息,听也发挥了它应有的效能;同时这也保证了五种时态都能练到。

2.重视活动中微任务的设计。在任务型教学活动中,任务是无处不在的,即大任务中包含小任务,小任务中包含微任务。教师不能单纯地设计大任务,而忽视小任务、微任务的设计。正是由于它们的链接和点缀,任务才更易操作,活动的效能才能更好地发挥。本堂课中出现的一些学生在别人练习时,思想不集中、开小差的情况,正是教师忽略微任务布置的结果,让这些学生感到无事可做。笔者在课后想到,在让个别学生进行练习前,可先把全班学生分组,学生回答时,本组的学生可以补充,其他组的成员可以找错。通过小组竞赛的方式,激起每一位学生的关注。这样就保证了所有的学生都积极参与到活动中;同时也让学生感受集体荣誉感,增强他们的集体主义精神。

3.加强活动中的即时评价。评价是英语课程的重要组成部分;科学的评价体系是实现课程目标的重要保障。活动中的即时评价,不仅能够活跃课堂气氛,还能激发学生自我完善的积极性,发展学生的各项能力。在课堂教学中,当一些学习存在困难的学生无法完成学习任务时,教师更应慎重对待。总之,在教学活动中能否真正地发挥好效能,是能否达到预定教学目标的重要条件。本人在今后备课过程中,应反复斟酌学生的生活环境、生活经验、学习兴趣和英语水平,努力调整教学方式,大胆取舍教学内容,力求满足不同类型和不同层次的学生的需求,让每个学生在学习英语的过程中都能感受成功,从而形成积极的学习态度。

(佚名)

第四节　趣味物理

中学物理课程的性质和目标

根据《义务教育物理课程标准》相关内容,物理课程的性质如下:

义务教育物理课程应综合反映人类在探索物质、相互作用和运动规律等过程中的成果。物理学不仅含有探索大自然的知识成果,而且含有探索者的科学思想、科学方法、科学态度和科学精神等。

义务教育物理课程作为科学教育的组成部分,是以提高全体学生科学素养为目标的自然科学基础课程。此阶段的物理课程不仅应注重科学知识的传授和技能的训练,而且应注重对学生学习兴趣、探究能力和创新意识以及科学态度、科学精神方面的培养。

义务教育物理课程是一门注重实验的自然科学基础课程。此阶段的物理课程应注意让学生经历实验探究过程,学习科学知识和科学探究方法,提高分析问题和解决问题的能力。

义务教育物理课程应注重与生产、生活实际及时代发展的联系。此阶段的物理课程应关注学生的认知特点,加强课程内容与学生生活、现代社会和科技发展的联系,关注技术应用带来的社会进步和问题,培养学生的社会责任感和正确的世界观。

义务教育物理课程旨在提高学生的科学素养,让学生:

学习终身发展必需的物理基础知识和方法,养成良好的思维习惯,在分析问题和解决问题时尝试运用科学知识和科学研究方法;

经历科学探究过程,具有初步的科学探究能力,乐于参加与科学技术有关的活动,有运用研究方法的意识;

保持探索科学的兴趣与热情,在认识自然的过程中获得成就感,能独立思考、敢于质疑、尊重事实、勇于创新;

关心科学技术的发展,具有环境保护和可持续发展的意识,树立正确的世界观,有振兴中华、将科学服务于人类的使命感与责任感。

通过义务教育物理课程的学习,学生主要在以下三个方面得到发展。

一、知识与技能

1.认识物质的形态和变化、物质的属性、物质的结构与物体的尺度,了解新材料及其应用等内容,关注资源利用与环境保护等问题。

2.了解自然界多种多样的运动形式,认识机械运动和力、声和光、电和磁等内容,了解相互作用规律及其在生产、生活中的应用。

3.认识机械能、内能、电磁能、能量的转化和转移、能量守恒等内容,了解新能源的开发与利用,关注能源利用与可持续发展等问题。

4.了解物理学及其相关技术发展的大致历程,知道物理学不仅含有物理知识,而且还含有科学研究的过程与方法、科学态度与科学精神。

5.有初步的实验操作技能,会用简单的实验仪器,能测量一些基本的物理量,具有安全意识,知道简单的数据记录和处理方法,会用简单图表等描述实验结果,会写简单的实验报告。

二、过程与方法

1.经历观察物理现象的过程,能简单描述所观察物理现象的主要特征,能在观察和学习中发现问题,具有初步的观察能力及提出问题的能力。

2.通过参与科学探究活动,学习拟订简单的科学探究计划和实验方案,有控制实验条件的意识,能通过实验收集数据,会利用多种渠道收集信息,有初步的信息收集能力。

3.经历信息处理过程,有对信息的有效性、客观性作出判断的意识,经历从信息中分析、归纳规律的过程,尝试解释根据调查或实验数据得出的结论,有初步的分析概括能力。

4.能书面或口头表述自己的观点,能与他人交流,有自我反思和听取意见的意识,有初步的信息交流能力。

5.通过学习物理知识,提高分析问题与解决问题的能力,养成自学能力,学习物理学家在科学探索中的研究方法,并能在解决问题中尝试应用科学研究方法。

三、情感·态度·价值观

1.有学习物理的兴趣,有对科学的求知欲,能保持对自然界的好奇,乐于探索自然,能领略自然界的美妙与和谐,对大自然有亲近、热爱及和谐相处的情感。

2.有将科学技术应用于日常生活、社会实践的意识,乐于探究日常用品或新产品中的物理学原理,乐于参与观察、实验、制作、调查等科学实践活动,有团队精神。

3.有克服困难的信心和决心,能总结成功的经验,分析失败的原因,体验战胜困难、解决物理问题时的喜悦。

4.养成实事求是、尊重自然规律的科学态度,不迷信权威,勇于创新,有判断大众传媒信息是否符合科学规律的初步意识,有将自己的见解与他人交流的意识,敢于提出与别人不同的见解,勇于放弃或修正不正确的观点。

5.关注科学技术对社会发展、自然环境及人类生活的影响,有保护环境及可持续发展的意识,能在个人力所能及的范围内对社会的可持续发展作出贡献,有将科学服务于人类的意识,热爱祖国,有振兴中华的使命感与责任感。

观察与体验——"温度计"

案例背景

本课让学生通过观察和实验了解温度计的结构;通过学习活动,使学生掌握温度计的使用方法;通过教学活动,激发学生的学习兴趣和对科学的求知欲望,使学生乐于探索自然现象和日常生活中的物理学道理。

案例描述

一、创设情境,引入课题

1.将事先制作好的"冰糖"发给学生,在吃了很多冷饮之后,用心去体验"冷"的感觉。(调制浓的糖水,用保鲜膜包好,放入冰箱中冷冻)

2.接着,再喝一口饮用水。

师:有什么感觉?

生:冷,热。

师:物理学中,把物体的冷热程度叫做温度。(多媒体显示)

3.三只烧杯中分别放冰水、自来水和足够热的水,引导学生进行"冷""热"的体验:

A.把左手放入冰水中,再放到自来水中,说出自己的感受。

B.把右手放入足够热的水中,再放到自来水中,说出自己的感受。

师:为什么同一杯自来水在差不多相同的时间内有两种差异很大的冷热感觉呢?

生:看来人的感觉是不可靠的。

师:在日常生活中,人们常常凭自身的经验和感觉去判断事物,然而这种经验和感觉今天遭遇到了挑战,怎么办?用科学武装自己,勇敢地迎接挑战!

让我们拿起武器,迎接挑战!

二、层层递进,学习新知

1.实验演示,了解原理

师:对于温度计,同学们一定不陌生,为了使大家更清楚地了解它,请同学们看一个小实验:

利用教材中做"焦耳定律"的演示实验的器材,在锥形瓶中分别放入酒精、水和煤油,观察加热和停止加热时液面的变化。

这就是我们家中的电热水器,其中的奥秘,以后我们会详细学习的,今天我们只是利用它来给瓶中的水加热。请同学们注意观察玻璃管中液面的变化!

生:液面上升了。

师:停止加热,继续观察。

生:液面下降。

师:平时,你观察到过类似的现象吗?

生:家中烧开水时,如果水壶中的水灌得太满,刚刚开始烧水,水就会溢出。

师:很好! 这样的现象我们送它一个物理名称——热胀冷缩。

温度计是根据液体热胀冷缩的规律制成的,里面可以用酒精、煤油、还有用水银的。

(多媒体显示)

多媒体展示各种各样的温度计。

师:各种不同的温度计各有各的妙用,我们今天学习的是常见的玻璃液体温度计,它们在结构上基本相同,分别有:装液体的液泡、细内管、刻有示数的玻璃柱,根据液泡中的不同液体通常使用的有酒精温度计、煤油温度计和水银温度计。

2.阅读讨论,了解单位

A.字母"℃"的意思:表示摄氏温度(瑞典的摄尔修斯提出的)。

B.0 摄氏度的规定:在标准大气压下,冰、水混合物的温度,记作 0℃

（关于"标准大气压"在后面的学习中会进一步地了解）。

C.100 摄氏度的规定：在标准大气压下，水沸腾时的温度，记作 100℃。

D.1 摄氏度：0℃ 和 100℃ 之间等分 100 份，每个等份代表 1℃。

人体的正常体温为 37℃ 左右，读作：37 摄氏度。

珠峰营地的帐篷内，温度为 −15℃，读作：负 15 摄氏度或零下 15 摄氏度。

在某些电视台的报道中，有的主持人都把温度读作：100 度，160 度。你认为妥当吗？

出个题目考考你：

"25℃"，你会读吗？

广播、电视中的天气预报员是怎样预报天气的呢？

"28 摄氏度"怎么写？

"零下 8 摄氏度"怎么写？

3.尝试探索，学会使用

师：观察实验桌上的两支温度计，你能说出它们有什么不同之处吗？

生 1：一支测普通的温度，一支是测体温的。

生 2：上面标的数字范围不同。

生 3：每一小格表示的温度也不同。

生 4：体温计的下面是弯的。

生 5：体温计的玻璃柱不是圆的。

生 6：体温计的玻璃柱可以起到放大的作用。

……

师：非常棒！同学们都作了细致的观察。这里包含着从今天开始我们学习测量时必须遵守的两个要求——观察量程和分度值。

A.量程——所能测量的最高温度和最低温度的温度范围。

实验室用的温度计的量程为：−20℃～110℃。

体温计的量程为:35℃～42℃。

B.分度值——最小刻度值。

实验室用的温度计的分度值为:1℃。

体温计的分度值为:0.1℃。

（由学生观察后回答完成）

师:两支温度计放在空气中,现在温度计的示数应该就是空气的温度,请大家读出来。

生 1:(手中拿的是实验室用的温度计)示数为(注意单位)……

生 2:(手中拿的是体温计)读不出来。

师:为什么读不出来呢?

生:现在的空气温度没有达到体温计能测量的最低温度。

师:回答得很好! 没有读出空气温度的同学可能有些气馁,没关系,请进入下一个环节——测体温:

请同学们将温度计放在腋下,根据经验,要等待一会儿,在等待的时候,让我们一起来阅读课本——"使用温度计测量液体温度时的正确方法":

A.朗读使用方法

温度计的玻璃泡全部浸入被测的液体中,不要碰到容器底或容器壁。

温度计的玻璃泡浸入被测的液体后要稍等一会儿,待温度计的示数稳定后再读数。

读数时温度计的玻璃泡要继续留在液体中,视线要与温度计中液柱的上表面相平。

B.讨论使用温度计时还可能发生什么错误?

请大家拿出温度计,读出自己的体温。

生 1:(手中拿的是实验室用的温度计)我的温度计的示数在不断地变化(不断地下降)。

生2:(手中拿的是体温计)我的体温是(注意单位)……

师:手中拿体温计的同学心里平衡多了吧!其中的奥秘在何处呢?

生3:我发现体温计离开人体后,在弯管处的水银断开了。

师:这正是体温计离开人体后也能读出温度的奥秘。那么,如果另一个同学也想测量一下自己的体温,能否马上就拿过来使用呢?

生4:我在医院里看见医生测量体温之前要甩动体温计,所以我们也要甩一下再测量。

师:对。测体温时,玻璃泡内的水银随着温度升高,发生膨胀,通过细管挤到直管;当体温计离开人体时,水银变冷收缩,细管内的水银断开,直管内的水银不能退回玻璃泡内,所以它表示的仍然是人体的温度。每次使用前,都要拿着体温计把水银甩下去。

师:学习了温度计的相关知识后,让我们一起来测量这杯热水的温度!

请同学们把实验室用的温度计和体温计以正确的方法同时放入热水中。

(此时,手拿体温计的同学可能会犹豫,在注意安全的前提下,鼓励大家勇敢地尝试。)

生:哎呀!我的体温计坏了。

师:坏了就对了!从中大家能获得什么启示呢?

生2:温度的测量不能超过量程,否则会损坏温度计的。

三、归纳小结,巩固知识

师:时间过得真快,转眼一节课就要结束了,你在这节课上有什么收获呢?或者说你有什么感想呢?说出来与大家共享,好吗?

生:……(此处学生可能会有各种说法,引导他们对所学的知识作归纳。)

结束语:同学们,了解了温度,掌握了温度计的使用,我们将踏上探究"物态变化"的征程,大自然的景色美不胜收,期待着同学们有更大的收获!

案例反思

在本课的教学中,为了既使同学们不感到枯燥无趣,又使他们能准确牢固地掌握"温度计"的相关知识,我采用了让学生自主观察和体验的方法,既调动了他们的积极性,又把知识传授给了他们。当同学们看到各种各样的温度计的图片时,都被深深吸引了;当他们亲自测量温度时,都以认真谨慎的态度完成了任务。把课堂还给学生,让学生在观察和体验中获取真知是我一直以来的教学态度。

(江苏省无锡市社桥中学 胡志英)

步步探究——"声音的产生与传播"

案例背景

通过本课引导学生探究声音产生的原因和传播的条件;使学生们知道声速,初步认识声音的传播形式,并一起探究身边的声现象。

案例描述

引入:《泰坦尼克号》中的主题歌曲非常动听,男女主角的最后对白催人泪下,但是假如没有声音,把男女主角的真情对白改为手语,打手势来表达,那感情表达的还能那么准确吗? 还能那么催人泪下吗? 由此可见,声音对人类有重要的意义,是人类思想与感情交流的基础,并且与我们的生活也有密切关系。 自然界也有许多声音,既美妙又神秘。

问:自然界有哪些美妙的声音呢?

答:狮吼、虎啸、鸟鸣、青蛙叫、流水潺潺、呼呼的风声……

问:那这些美妙的声音究竟是怎样产生的呢?

探究并举例:让全班同学都摸正在发声的音叉然后讨论回答,讨论后再举出其他声音产生的例子。

注:让同学自己探究,比如摸自己发声的喉咙……最后看书上的图片并填空。

总结:一切发声的物体都在振动。

引出声源的定义:正在发声的物体称为声源。

过渡:有声源,有物体正在发声,但是有声源你就能听见声音吗? 你是怎么听见声音的? 钓鱼的时候大声说话会把鱼吓跑,为什么?

学生发言:声源振动发出声音,在空气中传播,传到人耳中,反映到人脑中我们就听见了声音。鱼之所以会被吓跑,是因为声音由空气中传入水中把鱼吓跑了。

提示引导:声音是怎么传播的呢? 以什么形式传播的呢? 大家看教材后讨论。

学生讨论后小组代表发言:声源振动,引起空气振动,最后传到人耳。由于空气振动形成疏密相间的声波,就像水波波纹一样有高有低。

结论:声音以声波形式传播。

注:半数以上学生能说出此过程。

总结:声音以声波的形式传播。

实验探究:声音可以在空气中传播,还可以在哪些物质中传播呢?有什么例子可以证明呢?请同学们讨论后举例回答。

学生讨论后小组发言:

A:声音可以在水中传播。(例:把一根管子伸进海水下,可以听见远处船只航行的声音;海豚在海中的叫声能被人听见。)

B:声音能在固体中传播。(例:在某一间教室敲暖气管,一座楼的每个教室都能听到敲击声;古代人打仗,先锋官把耳朵贴地听一下,就能听到远处敌军行进的声音;在课桌一端很轻地敲击一下,在另一端用耳贴在桌面就可以清楚地听见敲击声,而不贴桌面就听不见。)

C:真空不能传播声音。(例:月球上没有空气,宇航员不能直接对话,要靠无线电。)

总结:声音可以在气体、液体(如水)、固体(如钢铁、木头、土壤)等物质中传播,真空中不能传声,但电磁波可以在真空中传播。我们把这些能够传播声音的物质称为介质。

引出介质的定义:凡是能够传播声音的物质称为声的介质。

过渡:声音既然是传播的,那就涉及到一个快慢问题,也就是声音有速度。介质有很多种,各种介质性质都不一样,所以传播声音的速度也不一样。大家首先看课本上声速的定义,然后看一下表格中列出的声音在各种介质中常温下的传播速度。大家看表格后得出什么结论?

声速的定义:声每秒钟传播的距离为声速。

影响声速的两个因素:介质的性质,介质的温度。

学生看表格后,得出结论:声音在气体、液体、固体当中的传播速度依次加快。

注:有半数学生得出了此结论。

本节总结:本节课主要讲了声的产生原因和传播条件,声的传播形式以及声速。本节内容与生活非常贴近,同学们的家庭作业是探究声是否有能量。

案例反思

在授课过程中充分调动了学生的积极性,让学生动脑思考,亲自体验探究的过程,让学生充当课堂的主角。尤其体现在让学生探究声除了可以在空气中传播,还可以在液体、固体等物质中传播。探究完声的传播形式、声的介质以后,讨论了声传播有多快。充分利用了集体优势,体现了物理学习方法中的合作交流环节。

在教师的引导下,学生可以通过探究、讨论、合作交流等方式在理性和感性上很好地掌握声的产生原因、传播形式和传播条件以及声速等知识。授课方式与授课过程很好地体现了新课标的探究性学习方法,并且达到了预期的教学效果。

(邓阳广)

兴趣盎然地探索——"欧姆定律"

案例背景

欧姆定律是学生在前面认识电压、电流、电阻的基础上,来研究这三者关系的课题,是电学中的基本定律,是进一步学习电学知识和分析电路的基础。本节内容体现了注重全体学生的发展、让学生经历科学探究过程、学习科学研究方法、注意学科间渗透等课程理念,能培养学生与他人合作的科学态度和创新精神,收集信息、处理信息的能力。为此,在本节课中采用了探究式教学。

案例描述

一、设置物理情境进行讨论,提出问题

在黑板上画出电路图。

师:如图的电路,你有哪些方法可以改变小灯泡的亮度? 小组内讨论,然后进行交流。

学生的方法:

1. 改变电源的电压;

2. 改变定值电阻的阻值;

3. 串联一个滑动变阻器等。

准备实验器材,让学生观察小灯泡的亮度的变化。

师:灯时亮时暗说明了什么?

生:电路中的电流有大有小。

师:电路中电流的大小是由哪些因素决定的?

二、大胆猜想,激活思维

鼓励学生大胆猜测:你猜电流的大小究竟由哪些因素决定呢?

学生分组讨论,教师适当提示。

学生联系已学内容以及刚才的实验现象,猜想:电流与电压的大小有关,因为电压是形成电流的原因;电流与导体的电阻有关,因为电阻对电流有阻碍作用。

教师针对学生的回答,给予肯定。

最后,根据猜想,师生共同得出结论:电路中的电流与电压、电阻两者有关。

过渡:到底有怎样的关系呢?

("创设情境—提出问题—猜想"这两步引起学生极大的兴趣,学生注意力高度集中,急切盼望问题的解决,产生主动探索的动机。)

三、设计实验

1.课件出示思考题

(1)根据研究电阻大小影响因素的方法,这个问题应采用什么方法研究?

(2)选择使用哪些器材?

(3)该实验应分几步,具体步骤怎样?

2.学生激烈讨论,明确本问题的研究方法:必须设法控制其中一个量不变,才能研究另外两个物理量之间的变化关系,即控制变量法。

学生讨论,提出本实验必须分两步来完成:第一步,保持 R 不变(确定应该用定值电阻而不用灯泡),研究 I 与 U 的关系;第二步,保持 U 不变,研究 I 与 R 的关系。对于第一步,改变 U(用电压表测量),观察 I(用电流表测量),且电压的调节可通过改变电池节数来实现(阻值为 R 的电阻直接接在电源两端),或者通过电阻与滑动变阻器串联,移动变阻器滑片来实现。

师生共同讨论:通过改变滑动变阻器的滑片改变电阻两端的电压比通过改变电池节数方案要好。

3.设计实验电路,画出电路图:学生个人设计,然后选取了有代表性的几个用实物投影进行展示,分析方案的好处和不足。

4.学生进一步讨论:对于第二步,要研究 I 与 R 的关系,首先要改变

图中 R 的值,可用 5Ω、10Ω、15Ω 的电阻。要保持 U 不变,可调节滑片 P 的位置,使电压表示数不变。

5.师生共同讨论:要完成以上实验,还必须测量相关数据,需要设计实验数据记录表格。

四、分组合作,深入探究

在此环节中,学生以小组为单位,像科学家那样兴趣盎然地开始按拟定的方案实验,边做边想边记。教师巡视,注意他们的设计是否合理,仪器使用是否得当,数据记录是否正确,作个别辅导。

学生在教师的指导下,自觉、主动地和教师、同学进行交流,形成了一种和谐亲密、积极参与的教学气氛和一个思维活跃、鼓励创新的环境。学生的思维在开放、发散中涨落,在求异、探索中又趋于有序,这培养了学生的独立操作能力,发展了学生的思维能力、创造能力。

五、综合分析,归纳总结

1.学生汇报:实验完毕后,分别推出代表汇报实验的数据。下面是两组学生的实验记录和结论(出示投影):

表一　电阻 $R=10\Omega$

实验次序	电压 U/V	电流 I/A
1	1	0.1
2	2	0.2
3	3	0.3

表二　电压 $U=3V$

实验次序	电阻 R/Ω	电流 I/A
1	5	0.6
2	10	0.3
3	15	0.2

2.讨论得到结论:

从表一知:电阻一定时,电流与电压成正比;

从表二知:电压一定时,电流与电阻成反比。

师:同学们总结得很好,我们用了几十分钟研究得出了这个电学规律;然而这一规律是德国物理学家欧姆在1827年用实验方法研究得出的,为此欧姆花费了 10 年心血,为了纪念他的伟大发现。这一规律被命名为欧姆定律。今天,当我们一起学习这一规律时,每名同学都能从他身上学到一种精神——坚持不懈地从事科学研究。

3.根据实验数据,绘制图象,从数学的角度来认识正比、反比。

4.实验过程中细节的讨论:

在研究电流与电压、电阻的关系的两次实验时,滑动变阻器各起什么作用?

六、巩固练习,强化理解

例 1.在一段导体的两端加 6V 的电压时,通过它的电流为 0.2A。

(1)这段导体的电阻是多大?

(2)如果在该导体两端加 10V 的电压时,通过它的电流又是多大?导体的电阻是多大?

(3)如果导体两端不加电压时,它的电阻又是多大? 通过的电流是多大?

着重进行对欧姆定律的理解,使学生明确:同一导体,电压 U 增加几倍,电流也增加几倍,它们的比值不变;R 与 I、U 无关,导体的电阻等于导体两端电压与通过导体的电流的比值。

例 2.家庭中使用的是交流电,当人体通过交流电的电流达到 50mA 时,就会导致人体呼吸麻痹、心室颤动。假定某人身体的电阻为 2kΩ,算一算,当通过 50mA 电流时的电压是多大?

初次应用欧姆定律进行计算的计算题,规范解题的要求。

七、课堂教学小结与延展

(1)让学生回顾本课的探究过程:发现问题—进行猜想—探索研究—得出结论—指导实践,指明这是研究物理的基本思路;物理教学中应注意渗透科学研究方法,同时也进行学法指导和辩证唯物主义教育。

(2)鼓励学生课后总结:"我们现在学到的物理有哪些地方也用到了

这种探究方法？你能找出多少处?"布置课后作业让学生自己寻找。

案例反思

本节课通过实验探究,学生掌握了控制变量法这一物理研究方法。探究过程中,通过自行设计、自己动手操作,培养了学生的创新思维能力;通过分析实验数据,分别概括出电流与电压、电阻的关系,以及两条结论的融合,提高了学生的分析概括能力,增强了主体参与意识。

（王岩军）

第五节　奇幻化学

中学化学课程的性质和目标

《义务教育化学课程标准》指出,中学化学课程性质为:

1.义务教育阶段的化学课程是科学教育的重要组成部分,应体现基础性。要给学生提供未来发展所需要的最基础的化学知识和技能,使学生从化学的角度初步认识物质世界,提高学生运用化学知识和科学方法分析、解决简单问题的能力,为学生的发展奠定必要的基础。

2.化学是一门以实验为基础的学科,在教学中创设以实验为主的科学探究活动,有助于激发学生对科学的兴趣,引导学生在观察、实验和交流讨论中学习化学知识,提高学生的科学探究能力。

3.化学科学的发展为人类创造了巨大的物质财富,在教学中应密切联系生产、生活实际,引导学生初步认识化学与环境、化学与资源、化学与人类健康的关系,逐步树立科学发展观,领悟科学探究的方法,增强对自然和社会的责任感,在实践中不断培养学生的创新意识,使其在面临和处理与化学有关的社会问题时能做出更理智、更科学的思考和判断。

义务教育阶段的化学课程以提高学生的科学素养为主旨,激发学生学习化学的兴趣,帮助学生了解科学探究的基本过程和方法,发展科学探究能力,获得进一步学习和发展所需要的化学基础知识和基本技能;引导学生认识化学在促进社会发展和提高人类生活质量方面的重要作用,通过化学学习培养学生的合作精神和社会责任感,培养学生的民族自尊心、自信心和自豪感;引导学生学会学习,学会生存,能更好地适应现代生活。

义务教育阶段化学课程的学习,学生主要在以下三个方面得到发展。

一、知识与技能

1.认识身边一些常见物质的组成、性质及其在社会生产和生活中的初步应用,能用简单的化学语言予以描述。

2.形成一些最基本的化学概念,初步认识物质的微观构成,了解化学变化的基本特征,初步认识物质的性质与用途之间的关系。

3.了解化学、技术、社会、环境的相互关系,并能以此分析有关的简单问题。

4.初步形成基本的化学实验技能,初步学会设计实验方案,并能完成一些简单的化学实验。

二、过程与方法

1.认识科学探究的意义和基本过程,能进行简单的探究活动,增进对科学探究的体验。

2.初步学习运用观察、实验等方法获取信息,能用文字、图表和化学语言表述有关的信息;初步学习运用比较、分类、归纳和概括等方法对获取的信息进行加工。

3.能用变化和联系的观点分析常见的化学现象,说明并解释一些简单的化学问题。

4.能主动与他人进行交流和讨论,清楚地表达自己的观点,逐步形成良好的学习习惯和学习方法。

三、情感·态度·价值观

1.保持和增强对生活和自然界中化学现象的好奇心和探究欲望,发展学习化学的兴趣。

2.初步建立科学的物质观,增进对"世界是物质的""物质是变化的"等辩证唯物主义观点的认识,逐步树立崇尚科学、反对迷信的观念。

3.感受并赞赏化学对改善人类生活和促进社会发展的积极作用,关注与化学有关的社会热点问题,初步形成主动参与社会决策的意识。

4.增强安全意识,逐步树立珍惜资源、爱护环境、合理使用化学物质的可持续发展观念。

5.初步养成勤于思考、敢于质疑、严谨求实、乐于实践、善于合作、勇于创新等科学品质。

6.增强热爱祖国的情感,树立为中华民族复兴和社会进步学习化学的志向。

接触和领悟——"走进化学实验室"

案例背景

通过本课,使学生知道化学实验是进行科学探究的重要手段,严谨的科学态度、正确的操作方法和实验原理是保证实验成功的关键;使学生了解一些化学实验室的规则,掌握常见仪器的名称和使用;使学生识记实验室常用仪器的形状及名称。培养学生的观察能力和动手能力。

在本课题的教学过程中,采用教师的讲解、演示相结合的方式进行授课。通过教师与学生互动,使课堂气氛活跃,同时激发学生的兴趣。

案例描述

引言:我们已经知道,学习化学的一个重要途径是科学探究,而实验是科学探究的重要手段,在做实验之前,我们先来认识一下化学中经常用到的实验仪器。

板书:初中化学实验室常用仪器和药品取用规则

一、实验室常用仪器

1.试管

展示:试管

师:试管的用途是什么?

生:试管用作少量试剂的反应容器,在常温或加热时使用。

师:试管除了在常温或加热时,用作少量试剂的反应容器外,还可用于溶解少量固体和收集少量气体。那么,我们在使用过程中,又需要注意什么呢?

生:加热后不能骤冷,防止炸裂。

2.试管夹

展示:试管夹

师:那么这个又是什么呢,谁知道?

生:试管夹。

师:很好,它有什么用呢?

生:用于夹持试管。

师:请同学们注意观察,试管夹是用什么材料做成的?

生:木头。

师:是的,木制品很容易被烧损,所以我们在使用试管夹的时候一定要注意防止烧损和腐蚀。

3.酒精灯

展示:酒精灯

师:酒精灯是我们化学实验中最常用的一种加热仪器,它的使用方法和注意事项我们将在下节课中系统学习。

4.玻璃棒

展示:玻璃棒

师:看,这是什么东西?

生:玻璃棒。

师:对,这是玻璃棒,请同学们注意,玻璃棒是实心的,那么,玻璃棒在我们化学实验中又扮演什么角色呢?

生:它可以用于搅拌、过滤或转移液体。

5.胶头滴管、滴瓶

展示:胶头滴管、滴瓶

师:同学们,这又是什么?

生:胶头滴管和滴瓶。

师:对,那么它们分别有什么用途?在使用过程又需要注意什么呢?

生:胶头滴管用于吸取和滴加少量液体,滴瓶用于盛放液体药品;胶头滴管用过后应立即洗净,再去吸取其他药品,滴瓶上的滴管与滴瓶配套使用。

师:很好,同学们注意了,胶头滴管用过后应立即洗净,再去吸取其他药品。

6.铁架台(包括铁夹和铁圈)

展示:铁架台(包括铁夹和铁圈)

师:你们知道这是什么吗?

生:铁架台。

师:那么它主要用来做什么呢?

生:用于固定和支持各种仪器,一般常用于过滤、加热等实验操作。

7.烧杯

展示:烧杯

师:这个平时像我们使用的杯子,你们知道在化学实验中它是怎么称呼的吗?

生:烧杯。

师:同学们都很聪明,那么你们知道它是用来做什么的吗?

生:用作配制溶液和较大量试剂的反应容器,在常温或加热时使用。

师:很好,但是要注意,我们不能直接加热,在加热时应放置在石棉网上,使其受热均匀。

8.量筒

展示:量筒

师:我想,这个不需要我说,你们都应该知道这是什么了吧?

生:量筒。

师:对,那么它有哪些用途和需要注意的地方呢?

生:用于度量液体体积,不能加热,不能作反应容器。

展示:集气瓶

师:这个是我们经常用于收集或贮存少量气体的集气瓶。

展示:蒸发皿、燃烧匙、锥形瓶、石棉网、漏斗、烧瓶、水槽、坩埚钳、坩埚、镊子

板书:蒸发皿、燃烧匙、锥形瓶、石棉网、漏斗、烧瓶、水槽、坩埚钳、坩埚、镊子

师：请同学们注意仪器名称的书写。

板书：一般常用仪器的使用规则：

(1)能直接加热的仪器：试管、蒸发皿、燃烧匙；

(2)不能直接加热须垫上石棉网的仪器：烧杯、烧瓶、锥形瓶；

(3)不能加热的仪器：量筒、水槽、漏斗；

(4)不能用作化学反应的容器：量筒；

(5)可用于液体加热的仪器：试管、烧杯、蒸发皿、烧瓶、锥形瓶；

(6)可用于固体加热的仪器：试管、蒸发皿。

小结：这节课我们主要介绍了初中化学实验室常用仪器的用途及注意事项，这些仪器将是以后我们经常接触到的实验仪器，所以我们要熟悉它们的名称、用途及注意事项。

案例反思

由于初次接触化学仪器，大多数学生感到很新奇，因此，学生们的学习热情很高。尤其是在我让他们猜测这些仪器的用途的时候，他们个个争先恐后地回答。认识和了解化学仪器，为以后化学课程的学习打下了良好的基础。让学生们亲自感受、亲自领悟，更调动了他们的积极性。

（佚名）

探索与发现——"水的组成"

案例背景

在上节中学生已经了解到在物理变化中分子本身没变,本节继续采用学生熟悉的水作知识载体,通过对水分解产生氢气和氧气的微观过程的描述,使学生认识到分子在化学变化中分解成原子,原子再重新组合形成新的分子,从而理解化学反应的实质。教学的起点定位于引导学生从观察宏观现象到用微观观点分析化学反应的实质。

案例描述

一、提出问题

我们已经知道,水在加热时变成水蒸气。水的三态变化,只是水分子间间隙的改变。而"每个水分子由两个氢原子和一个氧原子构成",这一事实始终没变。那么,如果在水中插入电极,通以直流电,情形是否有所不同呢?

二、解决方法

用实验验证

三、学生分组实验

共 13 个小组,每组 4 人,实验时学生只需插上电源即可。

展示多媒体指导实验。

师:同学们在实验中要学会合作学习,运用观察法仔细观察实验现象。

1.两个电极,两支玻璃管内液面有什么变化?

两个电极产生气泡,并且与正极连接产生的气泡慢,负极连接产生的气泡快。通电一段时间后,两极玻璃管上部汇集的气体体积比大约是 $V_{正极}:V_{负极}=1:2$。

2.用燃着的火柴接近液面下降较快的玻璃管尖嘴处,慢慢打开活塞,观察所发生的现象。

管中的气体被点燃。

3.用带火星的木条,接近液面下降较慢的玻璃管尖嘴处,慢慢打开活塞,观察所发生的现象。

带火星的木条复燃。

水通电文字表达式:水 $\xrightarrow{\text{通电}}$ 氢气＋氧气

反应物一种,生成物两种,像这种由一种物质生成两种或两种以上的其他物质的反应,叫做分解反应。分解反应首先必须是化学反应,而且要符合"一变多"的特点。

练习:判断下列过程是否为分解反应

1.蒸发食盐水

2.碳酸钙 $\longrightarrow$ 氧化钙＋二氧化碳

四、多角度分析实验

师:看待一个问题,我们不能仅限于表面,而应从多角度分析,深入思考。

1.从能量角度;

2.从元素组成的角度;

3.从微粒的角度(此时将很多问题展示给学生,让学生无所适从)。

回答:

1.水吸收了电能生成了氢气和氧气

化学变化中伴随着能量的变化,通过化学反应,我们不仅得到了所需要的千千万万的新物质,而且也可以吸收或释放能量,从而实现能量的转换或储存。

2.水由水分子构成,氢气由氢分子构成,氧气由氧分子构成。

五、得出化学变化实质

水通电时,水分子里面的氧原子和氢原子分开,每两个氢原子形成一个氢分子,氢分子聚集在一起形成氢气,每两个氧原子形成一个氧分子。水通电时分子变成了原子,原子重组成新分子。

案例反思

本节教学,从课堂气氛来看很活跃,充分调动了学生的积极性,师生的互动及小组生生互动合作进行得很好。学生分组实验,教师演示实验都很成功。采用多媒体,纸片模拟微观世界中水的分解与合成有效突破了本节教学的重难点。本教学中充分体现了新课标中以学生为主的教学思想,教学过程中始终贯穿着实践探究,学生的思维创新能力等得到提高。

(河北中学 李建辉)

只做"引路人"——"酸和碱的性质"

案例背景

学生信息分析:经过一年的化学学习,学生对元素、化合物方面的知识有了一定的了解,更重要的是掌握了学习方法,如:实验观察、归纳总结、宏观和微观相结合分析等等。其中实验探究方面的能力还需进一步加强,本单元酸和碱的知识实验较多,且现象比较明显,学生在实验探究方面的能力加强了,很多重要的知识就可以在老师的引导下,通过实验探究的方式加以解决。

教学起点分析:在前两节的学习中,学生已经知道盐酸能与大理石、碱反应,又知道酸溶液中存在 H^+,能使紫色石蕊试液变红。酸还有哪些性质?如何探究这些性质?这些问题都从学生熟悉的事物和现象中逐步引出来,由浅入深、循序渐进,符合学生的认知规律。教学过程中应通过学生熟悉的生活实例,如铁锈、水垢等的去除,让学生感知酸的其他化学性质,激发学生对酸的性质的探究兴趣。

案例描述

师:在生活中我们有时会遇到很多头痛的问题。如铁制品生锈、水壶底部产生水垢等都很难用常规的方法除去。你有什么好的办法吗?

生1:用砂纸打磨。

生2:看见家长用过醋,可能是利用了其中的醋酸……

师:同学们观察得很仔细。这些问题的确利用酸就可以迎刃而解,前两节我们对酸有了一些认识,酸还有哪些性质?

多媒体展台展示浓盐酸和浓硫酸的标签。从中你能得到哪些信息?

生:(看标签、思考、做简单的记录。并与同学交流自己的结果,将结果填写在课本表格中。)

师:(打开浓盐酸瓶盖)你看到了什么?

生:有白雾产生。

师：为什么浓盐酸在空气中会形成白雾？

生：（思考、交流）浓盐酸具有挥发性，它挥发出来的氯化氢气体跟空气里的水蒸气接触，形成盐酸小液滴的缘故。

师：下面看一个小魔术。（用玻璃棒蘸浓硫酸涂到一块棉布中间。）你看到了什么？

生：玻璃棒穿过来啦！

师：这说明了什么？

生：浓硫酸有腐蚀性。

师：对，并且是强烈的腐蚀性。所以使用浓硫酸时要特别小心。如果不慎将浓硫酸沾到皮肤上，应立即用大量的水冲洗，然后涂上 $3\%\sim 5\%$ 的碳酸氢钠溶液，以防灼伤皮肤。同学们一定要记住啊！

生：老师，用硫酸做实验的时候岂不是很危险？

师：同学们有这样的意识很好，但如果我们按照正确的操作方法来进行就能避免危险。比如我们实验室经常要将买回来的浓硫酸进行稀释，你们知道应该如何操作吗？

生：（思考）

师：（小实验：用温度计蘸浓硫酸在空气中静置。）请两个学生上来观察温度变化情况。

生 1：温度在升高！

师：能说出这是为什么吗？

生 2：（讨论）可能是浓硫酸在空气中吸水会放出热量。

师：这对稀释浓硫酸有何启示？你能试着设计浓硫酸稀释的方法吗？

（提示：水的密度为 $1.0\text{g}/\text{mL}$ ；浓硫酸的密度为 $1.84\text{g}/\text{mL}$）

生：（思考、交流、阅读后回答）在稀释浓硫酸时，一定要把浓硫酸沿器壁慢慢注入水里，并不断搅拌。切不可将水倒进浓硫酸里！

师：如果倒反了，会出现什么现象？

生：（热烈交流、讨论，并大胆猜测）

师：（实验）在锥形瓶里倒入少量浓硫酸，塞上双孔塞，分别插上分液漏斗和导管，从分液漏斗中加入少量的水，提示学生仔细观察现象。

生：啊，液体往外飞溅，倒反了真的有危险！

师：所以说实验操作必须严格遵守规定。我们可以用稀释后的硫酸和盐酸进行下面的实验：

左边两排六个小组的同学用实验桌上的仪器和药品探究稀盐酸的化学性质。（药品：稀盐酸、镁条、铜丝、木炭、生锈铁钉、氧化铜、碳酸钙、氯化铜溶液、硝酸银溶液；试管若干。）

右边两排六个小组的同学用实验桌上的仪器和药品探究稀硫酸的化学性质。（药品：稀硫酸、镁条、铜丝、木炭、生锈铁钉、氧化铜、碳酸钠、硫酸铜溶液、氯化钡溶液；试管若干。）

生：（小组合作，建立猜想并设计实验方案，交流后进行实验操作。）

师：（巡视，发现问题及时处理）同学们实验时一定要注意正确操作，注意记录实验现象。

（约 10 分钟后）

师：请每个小组派一名代表交流一下你们的实验情况。其他同学要认真听，与你们的结果作对比，看是否有不同的地方。

生：（充分交流，大胆发言）

生1：稀盐酸与镁条反应有气泡放出，与生锈铁钉、氧化铜反应固体减少、溶液变色，与碳酸钙反应也有气泡产生，与硝酸银溶液反应有白色沉淀生成，其他几种物质都没有现象。

生2：稀硫酸与镁条反应有气泡放出，与生锈铁钉、氧化铜反应固体减少、溶液变色，与碳酸钠反应也有气泡产生，与氯化钡溶液反应有白色沉淀生成，其他几种物质都没有现象。

……

师：（对个别有不同情况的小组予以分析、解释，对他们参与实验的积极精神予以肯定。)

请同学们试着把刚才我们做的实验用化学方程式表示出来。

(让两名同学在黑板上分别写出有关稀盐酸、稀硫酸的化学反应方程式。)

生:(对照实验记录,思考后,在练习本上写化学方程式)

(五分钟后)

师:对照黑板上两位同学写的,我们一起来订正一下。

生:(留出时间让方程式有错误的学生改正。)

师:回顾我们刚才做的实验,请同学们思考一下:如果从物质分类的角度看,盐酸和硫酸都能与哪些物质发生反应?

生1:金属、金属氧化物、盐等。

生2:不对。应该是它们中的一部分能与酸发生反应。

师:同学们总结得很好,加上前面一节学过的中和反应,我们可以总结出酸的几条化学性质?(留出适当的时间让学生总结,然后大屏幕展示酸的四条化学性质。)同学们是否想过,不同的酸为什么会有相似的化学性质?

生1:因为它们都是酸。

生2:因为它们的组成有相似的地方!

师:(引导)化学学科与其他学科不同的地方是我们是从微观角度来认识世界、认识物质的。请同学们再思考一下。

(多媒体课件:播放盐酸与氢氧化钠反应微观的 flash 动画。)

生:(讨论、交流、回答)

因为酸的溶液中都含有氢离子;

因为这些反应都是氢离子决定的;

如果别的溶液中有氢离子也会发生这样的反应!

师:同学们肯动脑,总结得很好,并且能够举一反三。从认识个体到认识一般规律是我们学习化学常用的科学方法,同学们只要细观察、勤思考、敢实践,化学就一定可以学得很棒!酸的知识还有很多,同学们想了解吗?你们可以上网查阅资料,或者到图书馆查阅化学书籍、报刊,相信你们会有更多收获!

师:(板书)介绍几种常见酸的化学式:硝酸、碳酸、磷酸、醋酸。总结它们的化学性质。

生:(讨论后自己总结本课内容)

练习:

1.碳酸饮料用瓶装还是罐装更合理?

2.手工艺者将失去光泽的银首饰高温加热使其表面被氧化,投入硝酸溶液中,取出后首饰恢复光泽,用所学过的化学知识解释原因。

作业:

任何事物都具有两面性,请根据本节课所学知识,举例说明酸在我们生活生产中的用途;查阅资料举例说明酸对人类不利的方面。(能用化学反应方程式表示的请写出方程式。)

案例反思

新课程标准中特别强调"化学学习要以探究为核心"。因此课堂教学是教师施教、学生求知和探索的主阵地,更是创新发展的主渠道。所以在本节课的教学中,我充分挖掘教材内容各方面的价值,特别注重培养学生的科学精神、科学态度和科学素养,引导学生善于观察,积极参与过程体验,倡导学生自主、协作、勇于探究的学习精神和情感体验。如:在讲解浓盐酸和浓硫酸的物理性质时,我不再以讲授的方式直接告诉学生,而是让学生通过实物标签自己观察总结,这让学生感到知识是他自己学到的,而不是老师强加给他的,初步调动了学习的积极性;在讲解浓硫酸的腐蚀性和浓硫酸的稀释时,如果不给学生提供这些小实验,他们的思维就不会如此积极,对其性质和方法的理解也不会非常深刻,在实际授课过程中,同学们的反应超过了我预先的设想,效果很好;酸的化学性质的教学则通过开放性实验让学生主动参与实验过程,体验实验带来的乐趣,他们手脑并用、乐在其中,这种亲身经历使他们学会探究解决问题的策略,为他们终身的学习和生活打好基础。

　　在教学过程中,我把教学活动设计成师生之间、学生之间的多向交流活动,多数时候是以对话的形式进行交流,尊重学生的主体发展,学生成为真正意义上学习的主人,作为"引路人",我及时恰当地对他们的成功与问题进行评价,这样缩短了老师和学生之间感情的距离,在这样平等和谐的氛围中,全体学生都没有过重的思想包袱,他们有时窃窃私语,有时情绪激昂,积极主动地在老师设计的活动中探究学习,从而使他们的参与、协作、创新等能力得到全面主动的发展。

　　在多媒体的运用上,我没有刻意地加以修饰,华而不实、多而无用的课件不会对教学有任何的帮助。本节课的重点是实验探究,所以我只利用多媒体让学生认识反应的微观本质,看似简单的 flash 动画,却能让学生不再凭空想象,很容易看出反应的本质,从而使所学知识得到归纳和提升。

(大石岭初级中学　曹玉双)

第六节　神秘生物

中学生物课程的性质和目标

生物科学是自然科学中的基础学科之一，是研究生命现象和生命活动规律的一门学科。它是农、林、牧、副、渔、医药卫生、环境保护及其他有关应用科学的基础。生物科学经历了从现象到本质、从定性到定量的发展过程，并与工程技术相结合，对社会、经济和人类生活产生越来越大的影响。

义务教育阶段的生物课程是国家统一规定的、以提高学生生物科学素养为主要目的的必修课程，是科学教育的重要领域之一。

通过义务教育阶段生物课程的学习，学生将在以下几方面得到发展：

获得生物学基本事实、概念、原理和规律等方面的基础知识，了解并关注这些知识在生产、生活和社会发展中的应用。

初步具有生物学实验操作的基本技能、一定的科学探究和实践能力，养成科学思维的习惯。

理解人与自然和谐发展的意义，提高环境保护意识。

初步形成生物学基本观点和科学态度，为确立辩证唯物主义世界观奠定必要的基础。

具体说来，学习初中生物课程，要达到如下目标：

一、知识与技能

获得有关生物体的结构层次、生命活动、生物与环境、生物进化以及生物技术等生物学基本事实、概念、原理和规律的基础知识。

获得有关人体结构、功能以及卫生保健的知识，促进生理和心理的健康发展。

知道生物科学技术在生产、生活和社会发展中的应用及其可能产生的影响。

二、过程与方法

正确使用显微镜等生物学实验中常用的工具和仪器,具备一定的实验操作能力。

具有收集和利用课内外的图文资料及其他信息的能力。

初步学会生物科学探究的一般方法,发展学生提出问题、作出假设、制订计划、实施计划、得出结论、表达和交流的科学探究能力。在科学探究中发展合作能力、实践能力和创新能力。

初步学会运用所学的生物学知识分析和解决某些生活、生产或社会实际问题。

三、情感·态度·价值观

了解我国的生物资源状况和生物科学技术发展状况,培养爱祖国、爱家乡的情感,增强振兴祖国和改变祖国面貌的使命感与责任感。

热爱大自然,珍爱生命,理解人与自然和谐发展的意义,提高环境保护意识。

乐于探索生命的奥秘,具有实事求是的科学态度、一定的探索精神和创新意识。

关注与生物学有关的社会问题,初步形成主动参与社会决策的意识。

逐步养成良好的生活与卫生习惯,保持积极、健康的生活态度。

设置生动有趣的教学情境

案例背景

依据新课标理念,本节课主要从以下几点出发进行教学设计。

1.培养环保意识,建立可持续发展的思想。生物圈是地球上最大的生态系统,研究生物圈及其各成分之间的关系,以便全人类能进行相互合作,采取可持续发展的措施和策略,共同来保护生物圈——生物赖以生存的唯一家园,从而让我们更好地学习、工作和生活。

2.立足教材,发展课程,培养收集和处理信息的能力。生物圈是生物生存的唯一家园,如何保护生物,开发新的生物圈是当前的热点问题,许多科学家都不懈地探求着。利用网络资源,师生共同寻找前沿的研究成果,共同分析资料,结合形式活泼的角色扮演,并进行充分的交流与讨论,达到自主学习,共同提高的目的。

3.体验模拟实验过程,培养科学精神。创新精神是科学精神的灵魂,新课标鼓励学生大胆设想,勇于探索、敢于实践。"生物圈Ⅱ号"的模拟实验就是创新精神在科学家身上的体现。教材直接选取这样的内容引导学生分析实验的成败得失,一方面可以激发学生的环保意识,另一方面能够深切地体验科学探究的严肃性,再次领悟模拟实验探究的基本方法。

"生物圈"是所有生物共同的家,这里的家,运用得比较贴切、形象,让学生知道我们不仅要爱自己的小家,更要爱我们共同的家园,培养学生爱护生物圈的情感。情感对人的影响是感性的,知识影响是理性的,理性思维是科学素养的核心,所以情感培养应建立在理性认识的基础上,学生只有弄清生物圈为生物的生存提供了哪些基本条件,才能认同生物圈是所有生物共同的家园。因此感受"生物圈是生物生存的唯一家园"应该为本节教学的重点,需要学生收集有关生物圈各方面的资料,这是科学探究常用的方法之一。但对于七年级学生来说,刚刚开展探究活动,能力尚未形成,因此有一定的难度,所以"收集和分析资料"是本节课的教学难点。

案例描述

一、导入

师:利用课件,让学生观看图片1。

调查:地球环境遭到了污染,在一定程度上影响了人类的生活。想乘这艘飞船到外星球生活的同学请举手!

师:投影图片2,问学生甲:你想到哪个星球生活?

甲生:金星。

师:投影金星图片,请你阅读相关的资料。

生:金星表面温度高达480℃,是太阳系中最热的行星,大气成分以二氧化碳为主,整个金星表面都处于高温、闷热、干燥的状态。

师:问学生乙:你呢?

乙生:土星。

师:投影土星图片,请你阅读相关的资料。

生:根据红外线观测得知,云顶温度为-170℃,比木星低50℃。土星表面的温度约为-140℃。

师:这些星球适合生物生存吗?

生:不适合。

师:有没有其他同学还想到外星球上去生活的?

生:……(如有,老师可以再出示相关星球及资料。)

师:目前,只有哪个星球适合我们人类的居住呢?

生:地球。

师:为什么呢?

师:(投影图片3:生物生存的家园——地球)因为地球上有生物生存的家园。

二、授课内容

师:利用课件,显示本节课完整的主题:

"第二章第二节　生物生存的家园——生物圈"

认识生物圈

师:投影图片 4

1.生物圈是_____上所有_____和它们所生存的_____共同构成的_____。

2.生物圈是地球上____的生态系统。

生:看书

生:回答问题 1

师:"地球"强调:一定区域,"生态系统"说明了生物圈本质上还是一种生态系统,由生物成分"地球上所有生物"和非生物成分"地球上的环境"组成。

生:回答问题 2

师:投影图片 5,生物圈究竟有多大呢? 有谁来描述生物圈的范围呢?

生:生物圈的范围:海平面以下约 10km 的深度和海平面以上约 10km 的高度。

师:正所谓上至九天,下至五洋。

生:练习

判断题:

1.生物圈是地球上所有生物的总称。(　　)

2.生物圈是地球上最大的生态系统。(　　)

3.生物圈中有多种生态系统,大小不一。(　　)

师:生物圈是生物生存的家园,要是我们能创造出一个适合人类居住的人工生物圈,并把它移到外星球上,那样我们就有可能到外星球上生活了,你们说好不好呢?

生:好!

师:美国科学家率先做出了这样的尝试,你们想知道结果如何吗?

分析"生物圈Ⅱ号"

师:投影图片6,阅读课本"生物圈Ⅱ号"的资料,思考并讨论下列相关问题:

(1)为什么把这个实验基地命名为"生物圈Ⅱ号"?

(2)假如你是该实验的参与者,你想为"生物圈Ⅱ号"摄入哪些成分?

(3)科学家为什么要提前撤出"生物圈Ⅱ号"?

(4)"生物圈Ⅱ号"实验的失败能给你什么启迪?

生:阅读、详细讨论

生:回答(1)

生:回答(2)

师:植物属于生产者,动物一般属于消费者,微生物属于分解者,这些是生态系统中的生物成分。阳光、空气等属于非生物成分。"生物圈Ⅱ号"实际是个模拟的生态系统,所以也需要生态系统必须的生物成分和非生物成分——阳光,可以利用太阳光,剩下的成分应该就是你要摄入的。

补充、强调说明,加深学生对问题(2)的理解,起到复习的作用。

生:回答(3)

生:回答(4)

师:我们现在应该清楚认识到生物圈是独一无二的。生物圈是生物的唯一家园。

师:投影图片7,那么,生物圈为生物提供了哪些基本条件呢?

生:阅读课本和课件中丰富的图文资料。

生:生物圈为生物的生存提供了:阳光、空气、水、营养物质、适宜的温度、土壤等基本条件。(学生回答不全面时,老师需作适当的提示。)

师:如果这些条件被破坏,后果将会很严重。

投影图片8,你能说说生物圈遭受了哪些破坏吗?

生:详细讨论

生:回答相关事例。

师:(利用课件及时一一展示相关主题的图片)生物圈受到如此大的破坏主要由我们人类引起的。现在很多专家已经意识到这个问题的严重性,纷纷采取了相应的拯救措施。(投影图片9)

师:投影图片10,作为一名初中生,你能做哪些小事情去保护环境呢?

生:讨论并选代表上讲台自我展示。

师:总结学生的回答内容。

我为这些同学的精彩展示鼓掌!

小结

师:通过本节课的活动,你学到了什么呢?

生1:生物圈是最大的生态系统。

生2:生物圈是生物生存的唯一家园。

生3:生物圈遭到破坏以及我们应该怎么去保护它。

生:……

师:投影图片11。

案例反思

苏霍姆林斯基说:"如果教师不想办法使学生产生情绪高昂和智力振奋的内心状态,就急于传授知识,那么这种知识只能使学生产生冷漠的态度,而给不动情感的脑力劳动带来疲劳。"所以上课伊始,教师应该有意识地为学生创设和所学内容相关的生动有趣的教学情境,使学生带着强烈的学习欲望进入角色,生物圈这节课开始,我首先利用多媒体出示课件,并用激情豪迈的语言引起学生注意……在整个教学过程中把舞台留给学生,变被动为主动,让学生感觉到学习是一件快乐的事。

通过本节课我深深地感受到,有效的教学能唤起沉睡的潜能,激活封存的思维,开启幽闭的心智,放飞因禁的情愫,彰显独立的人格,弘扬主体性。所以新课标理念下教师的职责应该不仅仅局限于传授知识,应更多地激励学生思考,引导学生去解惑,充分调动学生学习的积极性和主动性,建立一个接纳、支持与轻松的课堂气氛,与学生一起分享情感体验和成功的喜悦。

让学生做课堂的主人

案例背景

"生物对环境的适应和影响"是人教版七年级上册第一单元第二章第三节的内容,在上这节课之前,同学们已经对生物有了初步了解。为了调动同学们学习生物的积极性,我在上这节课时利用了同学们最喜欢的图片和影像资料,并组织同学们对这些图片和影像资料进行讨论,自己主动探究出本课内容,让学生成为课堂的主人。

案例描述

一、复习提问

师:在上节课我们学习了环境对生物的影响,那么你能根据自己的理解,举一个生活中我们熟悉的生物,说说它的生存都受哪些环境因素的影响吗?

(学生说出了自己家中养的花,要受到阳光、空气、水、土壤以及其他生物的影响等例子。)

师:回答得很好! 环境对生物的影响包括非生物因素和生物因素。我们已经知道了,生物离不开它生存的环境,那么当环境发生变化时,生物又是如何面对的呢? 生物会产生什么样的反应呢?

生:适应环境,在适应环境的过程又在影响着环境。

师:同学们说得对,今天我们就来学习"第三节——生物对环境的适应和影响"。

二、讲授新课

1.生物对环境的适应

师:请同学们看投影屏幕,分别出示:

(1)沙漠中的骆驼;(2)沙漠中的骆驼刺;(3)寒冷海域中的海豹;(4)旗形树的树冠——四个图片资料,让学生分析每一生物的形态结构特点和生活方式特点,展开讨论。

学生对图片(1)的讨论如下:沙漠炎热缺水,骆驼和别的动物不一样,它有高高的驼峰储藏大量的脂肪,当它又渴又饿的时候,脂肪会慢慢分解,变成它需要的营养和水;骆驼平时不出汗,只有体温达到46℃才会出汗;骆驼平时一次能喝下100多升的水,而每天排出的尿不到1升,以此来保持体内的水分,即使在沙漠上行走一个月也不会感觉渴,这些特点是动物对干旱的适应。

对图片(2)的讨论如下:沙漠地区降雨量少,能生长植物是因为这种植物生活的区域有地下水源,骆驼刺的根长得非常长,而且比地上部分长很多,因而骆驼刺在荒漠中也能得到水,这是植物对干旱的适应。

对图片(3)的讨论如下:海豹是哺乳动物,在寒冷的海域生活,要保持体温,就得有件厚衣服,海豹的皮下脂肪非常发达,可以达到60 mm,这是动物对寒冷的适应。

对图片(4)的讨论如下:树的枝条偏向一侧,是因为长期受一侧风向的作用,使得树冠的形态改变,看起来像一面旗帜,故得名旗形树,这是树对风的适应。

师:同学们分析得很对,由于生物受到各种环境因素的影响,生物在多变的环境中表现出多种多样的适应性。这种适应是生物通过漫长的年代,不断和环境磨合,自身不断进化,生存了下来,就形成它现在的形态结构和生活方式。

同学们还能找到生物适应环境的其他例子吗?

生:动物的"警戒色",壁虎的"苦肉计",长颈鹿的颈,刺猬的刺,雪莲花的叶,沙漠植物仙人掌,等等。

师:同学们非常聪明,现在我请同学们看一段录像。

(学生看配有解说的影像片段。)

影像镜头(一):鸟类骨骼质薄,有的中空,适于空中飞翔;

影像镜头(二):乌贼的墨囊,有利于它逃避敌害;

影像镜头(三):猫头鹰的利爪,有利于捕猎食物;

影像镜头(四):含羞草的叶与多暴雨的环境相适应。

(教师在学生为生物各种各样惟妙惟肖的适应现象惊叹不已时,告诉学生生物的生存斗争是非常残酷的,或风吹雨打、天寒地冻,或被抓捕,或饥肠辘辘,只有适应环境的,才能生存下来。所以说,生物对环境的适应是具有普遍性的,适应的形成是自然选择的结果。其实生物在适应环境的过程中也在影响着环境。让同学交流课前布置的探究植物影响空气湿度的测量结果。)

2.课前探究活动的交流

师:首先老师要问你们,为什么我们测量时要选择裸地、草地和茂密的灌丛这样三个环境测量空气的湿度?

生:a.因为这三个环境植物的种类、数量不一样;b.用不同的环境可以作对比。

师:分析得很对,如果在不同的植被环境,同一时间测量湿度结果不一样,就说明植物影响环境,是不是? 现在请各个小组汇报一下你们测量的结果。

第一小组:测量时间早上,裸地、草地、灌丛——灌丛的湿度最大。

第二小组:测量时间中午,裸地、草地、灌丛——灌丛的湿度最大。

第三小组:测量时间晚上,裸地、草地、灌丛——灌丛的湿度最大。

师:如果在同一个地方测量,不同的时间,它的湿度是不是一样呢?

第四小组:也不一样,早上湿度最大,中午湿度最小。湿度最大的地方是早上的灌丛。

学生展示他们的测量结果坐标曲线图,讨论比较后,用科学探究的方法,验证了生物对环境的影响。

师:同学们这次合作得非常好,而且还能对你们的测量数据进行分析处理,通过这样的探究活动,你们不但亲身验证了生物也可以影响环境这一结论,更重要的是我们学习了科学探究的方法。

3.生物对环境的影响

师:生物影响环境的例子很多,请同学们看这两幅图片,然后思考下列问题。

(出示图片)

(1)"地下的耕耘者"是指哪种动物?它对自然界有什么益处?

(2)为什么我国开发西部强调要退耕还林和还草?

生:"地下的耕耘者"是指蚯蚓。蚯蚓没有眼睛,善于钻土,可以使土壤疏松。它的排泄物还有大量的氮、磷、钾,可以增加土壤的肥力。它每天吃的食物是土壤中的有机杂质,帮助我们处理了垃圾,改善了环境,是人类的好帮手。

师:很好,通过蚯蚓沃土,我们看到生物也能影响环境。那么,在我国西部退耕还林和还草、沙漠植树又是为什么呢?

生:我国的西部现在沙化越来越严重,在沙地上栽种植物,可以防风固沙,保持水土,涵养水源。

师:对,生物改善环境的例子很多,谁还能举出一些?

(学生说出土壤中的腐生菌使有机物转化为无机物,森林的作用,等等。)

师:大家谈得非常好,请同学们看一个科教片——《屎克螂出国记》。

讲解:屎壳郎,学名蜣螂。澳大利亚是一个以畜牧业闻名的国家,众多的牛羊每天要留下 1 亿千克的粪便,使得牛粪堆积在草场上,风干硬化,牧草被遮压且枯死,草场上出现了块块秃斑,草场退化严重,苍蝇成灾,造成了严重的环境污染。后来,澳大利亚从我国和其他国家引入屎壳郎,因为屎壳郎主要以牛羊粪便为食物,且把它们的卵产在粪便中,滚成一个大的粪球,这样就帮助澳大利亚人"打扫了卫生",使草原又恢复了生机。同学们看,生物的作用大不大?相信同学们通过本节课的学习,已经了解了生物对环境的适应和影响。下面我们运用本节课的知识,做一道技能训练题,大家开动脑筋。

4.技能训练

师:同学们看本节教材的技能训练,你们观察一下猫和兔的双眼长在头部的什么位置?

讨论后学生回答:兔子的双眼长在两侧,猫的眼睛长在正前面。

师:眼睛的位置与它们的生活方式有关系吗?

生:有。兔子双眼长在两侧,视觉的范围大些,便于发现周围敌害,及时逃避敌害。猫捕食老鼠,它的双眼长在前方,利于捕食。它们的形态与生活方式有关。

师:非常好!同学们对这个解释满意吗? 如果还有其他的想法,同学们在课下继续交流探讨。最后,我们一起总结一下今天学的知识。

5.授课总结

本节教学内容:生物的生活受环境的影响,生物又能适应环境并能影响、改变环境,它们是一个相互作用、不可分割的统一的整体。 由此,我们应该认识到,人类也生活在生物圈中,对环境的破坏必将以其他方式回报给人类,所以人和自然和谐相处是多么的重要啊!

案例反思

在中学生物教学中,创设让学生主动参与课堂教学的情境,让学生参与到课堂中来,做课堂的主人,是构建良好的教学气氛,使学生自觉地学习,提高课堂效率的重要手段。而教师对新课内容的巧妙导入,问题提出的策略,探究实验的设计,知识检测的方法,都能创设让学生主动参与课堂教学的情境。

在今后的教学中,我还会坚持这种授课方法,并在探索中不断完善。

(袁玉芬)

第七节　严谨思想品德

中学思想品德课程的性质和目标

思想品德课程是一门以初中学生生活为基础、以引导和促进初中学生思想品德发展为根本目的的综合性课程。本课程的特性主要有以下几个方面：

一、思想性

以社会主义核心价值体系为导向，深入贯彻落实科学发展观，根据学生身心发展特点，分阶段分层次对初中学生进行爱祖国、爱人民、爱劳动、爱科学、爱社会主义的教育，为青少年健康成长奠定基础。

二、人文性

尊重学生学习与发展规律，体现青少年文化特点，关怀学生精神成长需要，用初中学生喜闻乐见的方式组织课程内容、实施教学，用优秀的人类文化和民族精神陶冶学生心灵，提升学生的人文素养和社会责任感。

三、实践性

从学生实际出发并将初中学生逐步扩展的生活作为课程建设与实施的基础；注重与社会实践的联系，引导学生自主参与丰富多样的活动，在认识、体验与践行中促进正确思想观念和良好道德品质的形成和发展。

四、综合性

有机整合道德、心理健康、法律和国情等多方面的学习内容；与初中学生的家庭生活、学校生活和社会生活紧密联系；将情感、态度、价值观的培养、知识的学习、能力的提高与思想方法、思维方式的掌握融为一体。

思想品德课程以社会主义核心价值体系为导向,旨在促进初中学生正确思想观念和良好道德品质的形成与发展,为使学生成为有理想、有道德、有文化、有纪律的社会主义合格公民奠定基础。

学习思想品德课对每名中学生来说都是至关重要的,思想品德课程引导和帮助学生达到以下几个方面的目标:

一、知识

了解青少年身心发展的基本常识,掌握促进身心健康发展的途径与方法,理解个体成长与社会环境的关系。

了解我与他人和集体关系的基本知识,认识处理我与他人和集体关系的基本社会规范与道德规范。

理解人类生存与生态环境的相互依存关系,认识当今人类所面临的生态环境问题及其根源,掌握环境保护的基础知识。

知道基本的法律知识,了解法律在个人、国家和社会生活中的基本作用和意义。

知道我国的基本国情,初步了解当今世界发展的现状与趋势。

二、能力

学会调控自己的情绪,能够自我调适、自我控制。

掌握爱护环境的基本方法,形成爱护环境的能力。

逐步掌握交往与沟通的技能,学习参与社会公共生活的方法。

学习搜集、处理、运用信息的方法,提高媒介素养,能够积极适应信息化社会。

学会面对复杂的社会生活和多样的价值观念,以正确的价值观为标准,作出正确的道德判断和选择。

学习运用法律维护自己、他人、国家和社会的合法权益。

三、情感·态度·价值观

感受生命的可贵,养成自尊自信、乐观向上、意志坚强的人生态度。

体会生态环境与人类生存的关系,爱护环境,形成勤俭节约、珍惜资源的意识。

养成孝敬父母、尊重他人、诚实守信、乐于助人、有责任心、追求公正的品质。

形成热爱劳动、注重实践、崇尚科学、自主自立、敢于竞争、善于合作、勇于创新的个性品质。

树立规则意识、法制观念,有公共精神,增强公民意识。

热爱集体、热爱祖国、热爱人民、热爱社会主义,认同中华文化,继承革命传统,弘扬民族精神,有全球意识和国际视野,热爱和平。

"用教材教，而不是教教材"

案例背景

长期以来，老师们总是抱怨学生学习思想品德不积极，导致教学效益低下。静下心来，仔细想想，这些问题的出现与我们的教学方式方法，与我们的教学观念不是没有关系。比如教师在教学过程中，对知识发生发展过程以及学生思维过程重视不够，误认为教材内容是知识发生发展的全过程，没有发掘出教材系统前后的本质联系，导致教师的教学过程，就是照本宣科讲教材，另外误以为教师的思维过程就是学生的思维逻辑，没有充分关注学生知识基础和思维特点，导致教师教学过程与学生思维错位或脱节。

无序的知识硬塞到学生的脑海中，学生负担重而收效微，结果只能是学生学习思想品德的不积极。而且教师一味地按照课本顺序"照本宣科"，教学效益也必然受损。因此，本人认为要想提高教学效益，就一定要重新整合教学内容，使内容顺序呈现更加符合知识发生发展过程及学生的认知规律，从而也杜绝"照本宣科"现象，增强学生学习思想品德课兴趣，提高教学效益。

新课标理念强调"用教材教"，在此种教学行为中，教材只是一种学习工具，教材内容只是帮助学生实现三维发展目标的一种载体，从宏观上说教师既可以严格按照课程标准的要求和顺序进行教学，也可以按照教材的编排结构进行教学，还可以根据自己对课程标准和教材的理解重新编排一个教学的结构。从微观上讲，教材中设计了探究活动的环节，教师可以进行各种变通，既可以完全根据教材的设计进行，也可以结合本地的实际补充另外的活动或采取其他的方式。因此，我想根据本校学生现有知识水平及本校教学设备的实际情况对教材进行适当的调整是允许的也是必要的。

案例描述

人教版思想品德七年级下册第一课有关"珍惜无价的自尊"的教学内容,它分了三个框题,其中第二框"尊重他人是我的需要"中谈了如何尊重他人的问题。第三框"彼此尊重才能赢得尊重"又谈了如何尊重他人,为使学生更好地理解把握教材,我在教学时打乱了教材原有结构,对其进行了重新整合,同时对一些探究活动稍做了一点变通。具体是这样的:学习第二框时对"尊重他人就是尊重自己"不全展开,只研究我们为什么应该尊重他人? 至于如何做到尊重他人? 此时就不继续学习了,等到学习第三框时插进去一并研究。

而学习第三框时,我把第三框内容分成两大部分:如何维护自尊(即"维护人格很重要"和"自尊者豁达")和如何尊重他人(即"善于尊重他人")。下面我仅叙述对"如何尊重他人"这部分内容的处理。

一、活动:给班上同学写赠言

请你从尊重、欣赏、鼓励、期望的角度给你的家人、朋友、同学写一写你的赠言。

要求:赠言只写对方的优点,你最欣赏的地方,完成后,当面送给对方。

问题:

1.你给别人写赠言,有何感受?

2.你收到别人的赠言有什么感觉? 没有收到,又是什么感觉?

3.班上谁得到的赠言最多? 为什么?

通过互写赠言的活动帮助学生学会正确地评价他人,尊重他人,学会正确地看待他人的意见,加强同学之间的了解与信任。

事实说明:尊重他人可以使人理智,尊重可以使人悔过。尊重可以唤醒人的良知,产生无法估量的正面效应,我们应学会尊重他人。因此我们要掌握尊重他人的原则,了解尊重他人最基本的表现。

二、学生看书、讨论

1.你认为尊重他人的原则有哪些？

2.尊重他人最基本的表现有哪些？

教师归纳：

尊重他人的原则：民主、平等、合作、宽容。

尊重他人最基本的表现：对人有礼貌，尊重他人的劳动，尊重他人的人格。

三、创设情境

著名作家萧伯纳在国外访问期间曾遇到一个聪明活泼的小姑娘，并和她玩了很长时间。分手时，萧伯纳对小姑娘说："回去告诉你妈妈，今天同你玩的是世界著名的萧伯纳。"小姑娘望了萧伯纳一眼，学着大人的口气说："回去告诉你妈妈，今天同你玩的是××（小姑娘的名字）。"这使萧伯纳大吃一惊，立刻感到自己太傲慢了。

从此，他常常回忆这件事，并感慨地说："一个人无论有多大成就，都要永远谦逊。这就是那个小姑娘给我的教训。"萧伯纳的教训就在于他把自己看得太高了，忘记了尊重别人，而天真直率的小姑娘用独立人格，回敬了他的傲慢。

小组讨论：应该如何尊重他人？（我们应该怎样彼此尊重，互相接纳，做一个有尊严、有价值的人？）

教师归纳：不尊重他人的人是不可能得到别人真正的尊重的，要想赢得别人的尊重，我们自己首先应该尊重别人。

尊重他人就要把他人看成同自己一样需要尊重。每个人都需要通过其他人的尊重、欣赏、鼓励、期望来感受到自尊。因此，尊重他人就要做到关注他人的尊严，既要从尊重、欣赏、鼓励、期望的角度来善待对方，更不要做有损他人的事情。这样，我们才会得到他人的尊重，与他人同享自尊的快乐。与受人尊重一样，尊重他人是我们的需要，也是我们的快乐。尊重他人就是尊重我们自己。

四、"一言一行总关情"活动

内容:在不经意间,我们撒播过热情、尊重、关爱和友谊,感受过你的温暖的家人、朋友、同学告诉你,你的言行令他们感动至今。你曾记得否?回忆并填书中表格。

五、学生看书共同总结

我们应该怎样尊重他人呢?

真正做到尊重他人就要善于站在对方的角度去考虑问题,感同身受,推己及人,具体做到:

1.尊重他人首先要善于欣赏、接纳他人,就是与他人相处时,能由衷地欣赏和赞美别人的优点、长处,允许他人有超越自己的地方。每个人都有自己的长处,也有自己的不足,不可能事事都超过别人;对别人与自己不同的地方,要能接纳,不排斥,不藐视。

2.学会尊重,还要不做有损他人人格的事。对于他人的缺陷和缺点,我们不能取笑和歧视。取笑、歧视和侮辱他人,就是冒犯别人的尊严,极其容易制造矛盾,引发冲突、仇恨和报复,最终令冒犯者自取其辱。每个人都有自己的缺点,我们需要别人的承认,我们也需要承认自己的缺点。

案例反思

新课改提出"用教材教,而不是教教材",我想根据本校学生现有知识水平及本校教学设备的实际情况对教材进行适当的调整是允许的也是必要的。这节课由于我不满足于课本知识的横耕竖犁,敢于对教材内容结构作大胆调整,不拘泥于对课本内容具体详尽的讲解,结果取得了较为理想的效果。伴随着一步步走进新课改,实践新课改,我对新课改也不断地进行反思,反思让我不断积累,不断成长,对新课改也充满感情,充满信任,充满希望!

(滨海实验学校　刘德焕)

采取有效的教学形式教学

案例背景

  上海教育出版社出版的《思想品德》中"现代家庭健康文明"的内容是在此前各课关于家庭、生命、孝敬父母基础上对家庭生活的管理进一步阐述。而其中第二框"现代家庭的精神生活"的教学内容则旨在引导学生认同健康文明的精神生活是现代家庭不可缺少的组成部分,积极追求高尚的精神生活,主动与父母共创学习型家庭,加深与父母的感情,自觉为家庭的和谐进步作贡献。

  教师可以充分利用本节课的教学内容,组织有效的课堂教学形式,关注学生的课堂体验和感悟,让学生在本学科的学习过程中,促进学生增强意识,激励学生关心他人的自觉行动,从而凸显思想品德学科的育人价值。

  依据以上分析,我制定本课的三维教学目标具体为:

  1.知识与技能:学生懂得现代家庭在物质条件改善的同时,还需要丰富健康的精神生活;学会合理有效地安排闲暇生活;学会营造良好的学习氛围;懂得创建学习型家庭的意义;了解家规的内容,能和家庭成员一起共同营造平等、民主的家庭氛围。

  2.过程与方法:通过课题探究、课堂交流和辩论等多种形式,让学生懂得科学地安排闲暇生活才是健康文明的生活方式,明确提高家庭精神生活水平的重要条件和重要内容。

  3.情感、态度与价值观:认同健康文明的精神生活是现代家庭不可缺少的组成部分,积极追求高尚的精神生活,与父母共创学习型家庭,加深与父母的感情,自觉为家庭的和谐进步作贡献。

案例描述

  思想品德课的教学要积极引导学生关注社会和学生成长实际,在课堂教学中或通过案例、或通过情境展现,让学生联系社会和学生实际开展学习活动,让学生在有效接受及自主探究和体验的过程中懂得道理,获得情感体验,促进学生形成正确的人生观、价值观。结合教学中的两个片段谈谈我是如何在教学过程中创设相关情境,激发学生思维,以体现学科育人功能的。

教学片段一:贴近学生生活实际创设情境。

辩一辩:玩电脑游戏利与弊。

师:(确定正反方。)

生1:锻炼思维,活跃头脑。

生2:长期玩对眼睛有害。

生3:开阔视野,培养交际能力和交易能力。

生4:容易着迷,一发不可收拾,误了学习,伤了身体。

……

师(归纳):做事都要讲究适度,玩电脑游戏,可以训练头脑的反应能力,提高人的灵敏度。但过分沉迷于电脑游戏会使人不分主次,日夜颠倒,严重影响正常的学习生活和身心健康。请同学们听这样一则故事。

多媒体显示:

故事:一个母亲的泣血呼唤

(请学生朗读故事。)

故事大意:儿子痴迷网络游戏,荒废了学业。母亲想尽了办法,也没能使儿子从游戏中解脱出来。

师:母亲在呼唤什么? 这个故事在告诫我们什么?

生:母亲呼唤迷失在电脑房的儿子早日觉醒,投入正常的学习生活。告诫我们凡事要把握一个度字,千万不能玩物丧志,不分主次,放纵自己的不良嗜好。

师:让我们一起给至今还陷入网络游戏不能自拔的同学一些善意的忠告吧!

小结:作为"90后"的学生,绝大多数是独生子女,得到父母、社会、国家的关爱较多。而对学生进行家庭生活方面的教育是德育的重要内容,也符合二期课改的核心理念和总目标——以学生发展为本。为了让学生更好地理解这一知识,从初一学生的年龄特点、认知能力出发,我选择了"玩电脑游戏利与弊"这一话题,由于学生大多数都会玩电脑游戏,有的还因此有一个小团体,耽误了学业,学生不会把握好度。让学生通过辩论的方式,有思维的碰撞,最后教师再进行归纳。有助于学生情感上的认同,进而促进学生在成长过程中学会控制自己,把握好学习和游戏的时间安排,直接体现了思想品德学科的育人价值。

教学片段二:贴近社会生活实际创设情境。

学习型家庭案例:蔡芳家庭

学生谈感想:略

师:学习型家庭的两个特点,一是家庭成员都是学习者。二是家庭成员有共同的学习时间。建设学习型家庭有利于创造良好的家庭文化氛围。同时,家庭氛围的平等民主也是建设健康文明的现代家庭不可缺少的一个重要方面。

请同学们阅读第62页的"知识窗",说一说自己家里有哪些不成文的家规,为了建设学习型的家庭你认为还可以增加哪些家规?

生1:全家成员有固定的学习时间,不参与打麻将和赌博。

生2:每人每年必须读两本中外名著。

小结:思想品德课的教育,不仅要引导学生的认知,还应该让学生有触动心灵的学习过程的体验,引导学生的价值认同。通过之前的教学,我选择了一个学习型家庭案例,让学生用自己的家庭与其比较,寻找共同点和不同点。

在教学中我结合用榜样的事迹激励学生,贴近学生的情感体验,通过制定家规,帮助学生确立目标,并将建设学习型家庭转变为自觉的行动,这也体现了思想品德学科的育人目的。

案例反思

本课以学生交流家庭精神生活现状为主线组织教学,通过汇报交流、辩论和典型事迹的介绍,让学生懂得怎样安排闲暇生活才是有意义的,什么样的精神生活方式能够愉悦身心,使家庭生活充实而又温馨,从而使学生自觉地选择高尚文明的精神生活,自觉为创建学习型家庭作贡献。

从以上两个环节的学生学习效果来看:

1.在这个学习过程中,学生认同了做事都要讲究适度这一知识点。由于这一教学环节的设计与学生的自身生活经历联系在一起,获得了学生情感上的认同。从学生的课堂反馈来看,这个环节的设计达成了预期的教学目标,体现了学科教学内容的显性育人功能。

我在教学中选择了辩论的方式,既激发了学生的学习兴趣,又与课本的相关知识点紧密结合。从学生的课堂反馈来看,学生的思维得到了碰撞,回答非常积极,情感得到了激发,达成了预期的教学目标,体现了学科教学内容的显性育人功能。

由于本课内容比较贴近学生生活,学生颇有感触,课堂气氛会比较活跃。另外,七年级同学思维比较活跃,敢于表达自己的观点,课堂上要注意发挥他们的积极性。

2.反思这节课的教学中仍存在不少没能处理好的地方:课堂上留给学生思维的时间不够,我在引导上坡度也不够,造成学生的思维深度不够,课堂学生回答不够积极,对学生缺少有效的触动;在今后的教学中,要注意在课前对学生相关认知状况加大了解,还可以与学生的相关实践活动体验相结合,更好地激活课堂教学,提高教学实效。

(上海市呼玛中学　张明燕)

第八节　纵横历史

中学历史课程的性质和目标

历史课程是人文社会科学中的一门基础课程,对学生的全面发展和终身发展有着重要的意义。义务教育阶段 7～9 年级的历史课程在基础教育中占有重要的地位,主要具有以下特性:

思想性　坚持用唯物史观阐释历史的发展与变化,使学生认同中华民族的优秀文化传统,增强爱国主义情感,坚定社会主义信念,拓展国际视野,逐步树立正确的世界观和人生观。

基础性　根据学生的心理特征和认知水平,以普及历史常识为主,引领学生掌握基本的、重要的历史知识和技能,逐步形成正确的历史意识,为学生进一步的学习与发展打下基础。

人文性　以人类优秀的历史文化陶冶学生的心灵,帮助学生客观地认识历史,正确理解人与社会、人与自然的关系,提高人文素养,逐步形成正确的价值取向和积极向上的人生态度,适应社会发展的需要。

综合性　注重人类历史不同领域发展的关联性,注重历史与现实的联系,使学生逐步学会综合运用所学知识和方法对历史和社会进行全面的认识。

通过学习中学历史课程,要达到如下目标:

通过义务教育阶段历史课程的教学,学生能够掌握中外历史的基本知识,初步掌握学习历史的基本方法和基本技能;对人类历史的延续与发展产生认知兴趣,感悟中华文明的历史价值和现实意义,养成爱国主义情感,开阔观察世界的视野,认识世界历史发展的总体趋势;初步形成正确的世界观、人生观和价值观,为成为拥有良好综合素质的合格公民奠定基础。

一、知识与能力

1.知道重要的历史事件、历史人物及历史现象,知道人类文明的主要成果,初步掌握历史发展的基本线索。

2.了解历史的时序,初步学会在具体的时空条件下对历史事物进行考察,从历史发展的进程中认识历史人物、历史事件的地位和作用。

3.了解多种历史呈现方式,包括文献材料、图片、图表、实物、遗址、遗迹、影像、口述以及历史文学作品等,提高历史的阅读能力和观察能力,形成符合当时历史条件的一定的历史情景想象。

4.初步学会从多种渠道获取历史信息,了解以历史材料为依据来解释历史的重要性;初步形成重证据的历史意识和处理历史信息的能力,逐步提高对历史的理解能力,初步学会分析和解决历史问题。

5.学会用口头、书面等方式陈述历史,提高表达与交流的能力。

二、过程与方法

1.通过多种途径感知历史,学会从当时的历史条件理解历史上的人和事,并经过分析、综合、概括、比较等思维过程,形成历史概念,进而认识历史发展的时代特征和历史发展的基本趋势。

2.在学习历史的过程中,逐步学会运用时序与地域、原因与结果、动机与后果、延续与变迁、联系与综合等概念,对历史事实进行理解和判断。

3.在了解历史事实的基础上,逐步学会发现问题、提出问题,初步理解历史问题的价值和意义,并尝试体验探究历史问题的过程,通过搜集资料、掌握证据和独立思考,初步学会对历史事物进行分析和评价,并在探究历史的过程中尝试反思历史,汲取历史的经验教训。

4.逐步掌握学习历史的一些基本方法,包括计算历史年代的方法、阅读教科书及有关历史读物的方法、识别和运用历史地图和图表的方法、查找和收集历史信息的途径和方法、运用材料具体分析历史问题的方法等。

5.初步掌握解释历史问题的方法,力求在表达自己的见解时能够言而有据,推论得当;学会与教师、同学共同对历史问题进行探究与讨论,能够积极汲取他人的正确见解,善于与他人合作,交流学习心得和经验。

三、情感·态度·价值观

1.从历史的角度认识中国的具体国情,认同中华民族的优秀文化传统,尊重和热爱祖国的历史和文化;认识在漫长的历史进程中,我国各族人民密切交往、相互依存、休戚与共,形成了中华民族多元一体的格局,共同推动了国家发展和社会进步,增强民族自信心和自豪感。

2.感悟近现代中国人民为救亡图存和实现中华民族伟大复兴而进行的英勇奋斗和艰苦探索,认识中国共产党在中国革命、建设和改革事业中的决定作用,树立中国特色社会主义理想信念;继承和弘扬以爱国主义为核心的民族精神,认识到国家统一、民族团结和社会稳定是中国强盛的重要保证,初步形成对国家、民族的认同感,增强历史责任感。

3.了解人类社会历史发展的基本趋势及人类文化的多样性,理解和尊重世界各国、各民族的文化传统,学习汲取人类创造的优秀文明成果;认识和平与发展是当今时代的主题,逐步形成面向世界的视野和意识。

4.认识人类历史上物质文明、精神文明发展的重要性,理解历史上的革命与改革在不同程度上促进了社会的进步,认识从专制到民主、由人治到法治是历史发展的必然趋势,不断发展社会主义民主与加强社会主义法制意识。

5.认识科学技术的发展对人类历史进步的推动作用,逐步形成尊重科学、崇尚科学的意识,树立求真、求实和创新的科学态度;从历史的演变中认识合理开发和利用资源、生态环境保护的重要性,初步形成可持续发展的观念。

6.认识人民群众创造历史的作用以及杰出人物在历史上的重要贡献,吸取前人的经验和智慧,初步理解个人与群体、个人与社会的关系,提高对是与非、善与恶、美与丑的识别判断力,逐步确立积极进取的人生态度,形成健全的人格和健康的个性品质。

一览"传说时代的文明曙光"

案例背景

学习本课为了让学生了解炎帝、黄帝是传说中华夏族的祖先,了解尧舜"禅让"和"大禹治水"的故事。能够对古史传说和史实做出初步的比较和判断。学生在主动参与学习的过程中,通过对炎帝和黄帝事迹的学习,理解"我们都是炎黄子孙"的含义,培养爱国主义情感和民族认同感;通过对"尧舜禅让"的学习,培养以人为本、任人唯贤的美德;通过对"大禹治水"的学习,培养坚强的意志及奉献精神以及环境保护意识。

案例描述

1.创设情境,导入新课

让几位同学到讲台上表演"传话"游戏。将写有一个历史史实的纸条给第一位学生,第一位学生用动作和手势将这一史实的意思告诉第二位学生,第二位学生以同样的方式告诉第三位学生,依此类推,最后一位学生说出他所理解的意思,看看二者之间的差别。让学生体会传说与史实的差异,激发学生的兴趣,出示课题"传说时代的文明曙光"。

2.学生自读教材(约5分钟)

在学生自读教材的同时,在多媒体大屏幕上出示以下几个问题,让学生边思考问题边阅读课文,并配以古筝演奏的古典音乐以营造氛围,使学生身临其境。

问题如下:

(1)炎帝和黄帝对中华民族分别做出了哪些贡献?

(2)华夏族是怎样形成的? 我们为什么自称"炎黄子孙"、"龙的传人"?

(3)什么是禅让? 想一想,我国封建社会里"父传子"的继位方式是不是禅让? 为什么? 你能和几个同学合作演出一个短剧,表述尧舜"禅让"的故事吗?

(4)大禹是采取什么方法治水的? 禹为什么得到了百姓的拥护?

3.自主探索,合作交流(约 20 分钟)

师:下面请一位同学说一说炎帝和黄帝分别有哪些贡献?

生 1:炎帝教人农耕,发明医药,发明陶器,开辟集市;黄帝造出宫室、车船、兵器、衣裳,发明文字、历法、算术和音乐,他的妻子嫘祖发明了养蚕抽丝技术。

师:这位同学回答得很好,那么是什么验证了这些传说的真实性呢?

生 2:是各地的文化遗址。大量石锄的发现,反映了当时原始农业的发展状况;陕西宝鸡北首岭出土的船形彩陶壶,印证了当时已经用船做交通工具;河南舞阳贾湖出土的七孔骨笛,印证了原始音乐的出现。

生 3:老师,上面所讲的这些重要发明都是由炎帝和黄帝发明的吗?

师:这个问题提得很好,远古时期的任何一件发明或改进,都是积无数人之力,经历漫长岁月摸索的结果。只是因为确切情况已不可考,后人在追述历史的时候,总爱将一些发明创造,集中附会在他们中间的杰出领袖——炎帝和黄帝身上。炎帝和黄帝成为部落联盟首领其中经历了哪两场大规模的战争?中国人自称是"龙的传人",龙的形象反映了什么?

生 4:一场是涿鹿之战,一场是阪泉之战。从河南出土的用贝壳堆塑的龙,是用多种动物形成的复合体,反映出不同部落之间从战争走向联合,进而构成华夏民族主体的历程。

师:中国龙是民族向心力和民族凝聚力的象征,也是中华文明五千年延续至今的原因,让我们共同高唱《龙的传人》,以抒发炎黄子孙的豪迈情怀吧!(同时播放《龙的传人》这首歌的配乐。)

师:下面,几个同学分角色表演、表述"禅让"的故事。(四名同学即兴表演,台下学生不断发生赞叹声。)

生 5:我认为这种产生首领的办法,不同于封建王朝中"父传子"的办法,那么"父传子"的办法叫什么呢?

师:叫王位世袭制。同学们还能举出当今社会推选首领的方式吗?(学生踊跃回答,有的提出了中国的代表大会制,有的提到了西方的议会制。)三个学生表演世袭制。

师:下面咱们请班长说一说他是怎样当上班长的?

班长:我是由同学们选出的。既然同学们信任我,我就要力争为同学们多做一些事情,不让大家失望。(一时间,班内气氛十分活跃,同学们体会到了实行民主的优越性。)

师:下面,我请一位同学讲一讲大禹治水的故事。(在一名同学讲述的同时,在多媒体上播放大禹治水的影视资料和禹城大禹像。)在看完录像后,我班同学分为5个小组进行讨论这个故事给你的启示,并选出代表登台竞技,讨论时间5分钟。好不好!(经过5分钟激烈讨论,每个组的代表发表了自己的看法。)

甲组:大禹为治水"三过家门而不入",我们应该学习这种坚持不懈、不达目的誓不罢休的精神。学习中要有一股子"钻"劲。

乙组:禹用"疏导"的办法治服了洪水,告诉我们解决问题时不能抱着老一套死死不变。作为跨世纪的中学生应当有创新精神。

丙组:禹之所以得到百姓的拥护是因为他为百姓做了好事,作为一名学生要想得到老师和同学们的尊敬,也要尽力为同学们做一些好事。党中央不也提出了"三个代表"的要求吗?

丁组:当时洪涝灾害非常严重。人类为了生存,不断征服自然,一味地向大自然索取,不去保护,最终将受到大自然的惩罚。作为一名"炎黄子孙"应树立环保意识。

戊组:我向您提出一个小建议:当学生犯了错误时,不要武断地强行制止,要采用疏导的方法向学生讲明错误的危害,让学生心服口服。

师:同学们回答得非常精彩! 我也虚心接受同学们的建议。

4.课堂小结

炎帝和黄帝→尧舜的"禅让"→大禹治水→国家的产生

中华民族雏形的形成→国家萌芽的出现

案例反思

　　本节课主要采用了探究体验式教学法,充分体现了教师主导地位和学生主体地位在教学各环节的交互换位,教师大胆地把课堂交给学生,为学生搭建了展示自我的平台,激发了学生强烈的求知欲,学生在教师的指导下,进行了更宽松、更自主的学习和探索,体现了课堂教学改革的新理念。对于初中生,传说时代的这段有特色的历史是很有吸引力的。教师充分调动学生的积极性,以转变学生的学习方式为核心,注重学生学习历史知识的过程和方法,使学生学会学习,鼓励学生对历史问题进行独立思考,培养其探究式的学习方法。

　　本课采用的讲故事、演课本剧、讨论等活动方式,有效地进行了实践。特别是系列层进的问题设计,成为学生学习的学习链接。远古时代的传说,反映了我国从人类起源到迈向文明的曲折而漫长的历程。通过本课的学习,应了解炎帝、黄帝是传说中的华夏民族的祖先;了解尧、舜的"禅让"和"大禹治水"的故事。结合本课内容,通过设置讨论题目"大禹治水的启示",能主动学习,积极思考,培养丰富的历史想象力和语言表达能力。历史学习是一个从感知历史到积累历史知识,从积累历史知识到理解历史的过程。通过本课的学习,能够对古史传说和史实做出初步的比较,并做出自己的概括、判断和解析。

　　在主动参与学习的过程中,通过对"我们都是炎黄子孙"的学习,培养爱国主义情感和民族自豪感;通过对尧舜"禅让"的学习,培养以人为本,任人唯贤的美德;通过对"大禹治水"的学习,并结合现实,培养环境保护意识,认识到可持续发展的重要性,培养坚强的意志和忘我的奉献精神。

（佚名）

说动谈演——"昌盛的秦汉文化"

案例背景

    人教版七年级上册第三单元—"昌盛的秦汉文化"中有"纸"的相关内容。本课通过开展说—动—谈—演的系列主题活动"'纸'的故事",用形象的展示和学生自身的直接体验去了解纸产生的背景以及纸产生的过程及其影响;在活动准备及实践过程中,培养学生表达、动手能力,让学生通过自身体验提高对事物的比较认识能力;通过活动的开展,让学生认识到纸的发明是人类一大创举,四大发明之一——造纸术对中国乃至世界文明的传播起了很大的作用。

    学生需要准备道具:书、本、钱、画等纸制用品;竹片、木块、丝绸、纸张、毛笔等书写工具以及绳子等装订工具;收集资料,书写或编排短剧《"纸"的故事》。

案例描述

    教师:(拿出书、练习本、画)同学们,这些我们大家所熟悉的用品是用什么制成的?

    学生:纸。

    教师:你还能说说纸的其他用途吗?

    学生1:包装纸可以用来包装礼品。

    学生2:我们每天都使用的卫生纸。

    学生3:班级开晚会的时候,经常用皱纹纸做成花来装点教室。

    学生4:过年的时候,我们都经常在家门口贴的"福"字、春联等。

    学生5:每天我们使用的钱,也是纸制成的。

    学生6:我们写信用的信封、邮票。

    ……

    教师:我们今天的生活似乎已经离不开纸了,那大家想象一下在纸产生之前,人们的生活是怎样的呢?

学生 1:古时候,人们的甲骨文就是写在龟甲和兽骨上的。

学生 2:我还知道我们有个典故叫"学富五车",就是因为那个时候人们写字是写在竹片上的,所以用这个成语来形容人书读得多,有学问。

学生 3:人们古时候,好像都使用铜钱、银元,我奶奶家还有呢。

学生 4:我们现在用卫生纸挺方便的,但在电视上看到的那些古人们好像都使用的是手帕。

学生 5:老师,我还在电视上见过,古时候人们去买东西,都是用竹叶一包,绳子一提的……

教师:刚才大家说的都很好,有自己从书本上得来的知识,也有从电视、生活中观察得来的知识。

下面进入我们今天第一个活动环节"你写、我写、大家写",我们以六人为一个小组,大家可以分工协作,分别在你们准备好的竹片、丝绸、纸张上写下你们最喜欢的一首古诗或词,我们来比比哪个小组完成得最快?写得最漂亮?

学生:(分成小组,拿出事先准备好的竹片、丝绸、纸张、毛笔进入活动。)

活动:(略)

教师:我们的每个小组都非常认真和热情地完成了任务,下面进入第二个活动环节——"作品包装",请大家将刚才自己所完成的优美作品竹片装册,将丝绸、纸张进行一番包装!同样我们来比比哪个小组最有创意?哪个小组最迅速?

学生:(动用了绳子、小刀、订书机、颜料等进入活动。)

教师:大家都已大功告成了!下面我们将邀请每个小组的同学将你们的作品向大家展示出来,还要请一位组员把你们最喜欢的一首诗或词富有感情地朗读出来。我们将评出今天的"最有创意奖""雷厉风行奖""最佳组合奖"。(略)

教师:我们欣赏了大家优秀的作品,也评选出了今天的优胜者,下面进入最后一个很关键的环节就是"大家谈"！将你在这个活动准备、书写、包装过程中的体会给我们大家谈出来。

学生1：我的竹片可是自己骑车到郊外拾来的，回家后爸爸、妈妈帮忙划开成一小块、一小块的！我们这才写了几个字，古时候大臣上书，难怪要用人抬呢！

学生2：我们组的丝绸手绢是我们凑的零花钱买的，有点儿贵！还是纸便宜。

学生3：刚才我们小组写字的时候，在竹片上用毛笔写，根本就看不清，用钢笔写，把我钢笔尖都快磨坏了，用圆珠笔写，才勉强能看清。

学生4：我们用丝绸写字的时候，派的是我们班的书法高手上的，可一到手绢上就什么字体呀、优美呀都没了！全是一块一块的墨，溢出来了！

学生5：我们组同学说我手巧，派我把竹片装册，我可是费了九牛二虎之力，把每块竹片上钻眼，用绳子给串起来，特别麻烦的是，我发现要在每块竹片上打个结，整个竹片才会比较固定！

学生6：我们小组最满意的是我们对纸作品的包装，用颜料将整张纸涂上颜色，然后在上边为我们的《望庐山瀑布》配上了一幅"飞流直下三千尺"的图画。我们都觉得很美，很有意境！但把竹片装册时特别费劲，给丝绸包装时，又用小刀剪形状，又是想办法，挺费神的！

教师：同学们都谈了大家的感受，我们普遍认为用竹简书写不方便、不易修改，并且装册很麻烦、笨重、不利于携带和阅读；丝绸书写很容易溢出，并且丝绸太贵！也正因为如此，人们才不断去探索新的书写材料，纸就孕育而生了！

下面就请出我们班上优秀的演员们，为我们大家送上一出精彩的短剧《"纸"的故事》，希望你们能在故事中进一步去了解纸的历史、纸的产生、纸的影响。

短剧——"纸"的故事

（旁白）纸，作为书写材料，并不是从来就有的。相传中国上古曾有过结绳记事的时代。那时，连文字也不曾有，更谈不上书写文字的纸张了。商、周时代文字已经成熟，我们的祖先就想出了各种记录文字的办法。

同学：（用小刀在龟甲上刻字）我们商朝人把文字刻在乌龟和牛、羊等动物的甲骨上，这样一来后人都能看看我们这辈的事了。

同学：（用小刀在石头上刻字）商朝的"甲骨文"用的甲骨得来是很费事的，刻字也不方便，到了我们西周，可早就不用这一套了，把文字刻在石头上和青铜器上，不是更方便吗？

（旁白）甲骨文、金文为人类提供了最初的记事方式，但都存在着种种不足，春秋战国以后，新的书写材料又出现了。

同学：（用毛笔在竹简上书写，把刚才的竹简展示出来）石头、青铜太笨重了，并且也不是随处可寻，我们发现了在竹子、木头上书写也不失为一良方啊，竹子和木头随处可见，加工方便，可以用笔墨书写，写错了还可以用刀削去重写！

同学：（用毛笔在丝绸上书写）秦始皇当年每天批阅的竹简公文，听说重达一百多斤；西汉时候，齐人东方朔上书汉武帝，用了三千根木简，由两个身强力壮的人才抬进宫去，汉武帝看完它，足足花了两个月；战国时，思想家惠施外出游学，随身携带的书就足足装了五车，也就有了"学富五车"的典故。

前人为何不去重拣轻呢？丝帛也可以用来书写啊！它柔软、光滑、轻薄，易于运笔、舒卷。

（旁白）竹简和丝帛比甲骨、青铜有很大的进步，但也还存在种种不足。在劳动人民长期的生产实践中，不断探索，不断创新，一种能为大多数人利用的书写材料——纸便慢慢地发明出来了。

（旁白）我国最早的纸是用什么原料做成的呢？据说早期的纸与丝有关。

同学:(打开,动画展示纸的制作过程)在下蔡伦,前人用蚕丝造纸,花费太高,我挑选了些树皮、麻头、破布、废鱼网等原料,先把这些东西搅拌石灰,沤过,再放在石臼中舂,舂散后加水煮烂,掺和胶一类有黏性的物质,然后使其互相溶合成浆状,再用细帘在浆中均匀地捞出这些细碎的纤维,让它干燥,造出的纸是质地轻薄,也是价廉耐用的。

(旁白)(出示《造纸术传播图》,旁白学生边示意图表边讲解)蔡伦改进造纸术是我国的四大发明之一。魏晋时期纸和造纸技术传入朝鲜,610年又从朝鲜传到日本。751年唐朝与阿拉伯人发生战争,一些唐兵被阿拉伯人抓去,其中有造纸工匠,他们又把造纸技术传到了阿拉伯,于是阿拉伯也设立了造纸工厂。以后叙利亚的大马士革、埃及与摩洛哥,也学到了我国的造纸技术。1150年,西班牙有了造纸工场。再后来,德国、英国、荷兰也造起纸来了。16世纪以后,造纸技术由欧洲传到北美洲。此后,逐渐传遍了全世界。

我国古代的造纸术的发明与传播,在我国以至世界文化发展史上的贡献是不可磨灭的!造纸术是我国的四大发明之一。纸的发明,对人类文化的发展和传播起了很大作用,是中华民族对世界科学文化的一项重大贡献。

案例反思

说—动—谈—演,"'纸'的故事"在同学们心中留下了不可磨灭的印象,他们兴致勃勃地讨论着,激情满满地表演着,这着实使身为老师的我感到深深的喜悦。一节生动趣味的历史课,把严肃枯燥的历史以同学们喜闻乐见的形式开展,实在是精彩绝伦。在以后的教学中,我一定会多尝试这种方法,充分调动同学们的积极性,让他们学历史、爱历史。

(佚名)

第九节　博深地理

中学地理课程的性质和目标

地理学是研究地理环境以及人类活动与地理环境相互关系的科学。它具有两个显著的特点：

第一，综合性。地理环境是地球表层各种自然现象、人文现象有机组合而成的复杂系统。因此，地理学是一门兼有自然科学性质与社会科学性质的综合性科学。

第二，地域性。地理学不仅研究地理事物的空间分布和空间结构，而且阐明地理事物的空间差异和空间联系，并致力于揭示地理事物的空间运动、空间变化的规律。地理学是一门既古老又年轻的科学，在现代科学体系中占有重要地位，并在解决当代人口、资源、环境和发展问题中具有重要作用。地理课程是义务教育阶段学生认识地理环境、形成地理技能和可持续发展观念的一门必修课程，兼有社会学科和自然学科的性质。

地理课程的基本理念为：

1.学习对生活有用的地理。地理课程要提供给学生与其生活和周围世界密切相关的地理知识，侧重基础性的地理知识和技能，增强学生的生存能力。

2.学习对终身发展有用的地理。反映全球变化形势，突出人口、资源、环境以及区域差异、国土整治、全球变化、可持续发展等内容。使所学内容不仅对学生现在的生活和学习有用，而且对他们的终身学习和发展有用。

3.改变地理学习方式。要根据学生的心理发展规律，联系实际安排教学内容，引导学生从现实生活的经历与体验出发，激发学生对地理问题的兴趣，培养地理学习能力，鼓励积极探究，使学生了解地理知识的功能与价值,形成主动学习的态度。

4.构建开放式地理课程。地理课程要充分重视校外课程资源的开发利用,形成学校与社会、家庭密切联系,教育资源共享的开放性课程,从而拓宽学习空间,满足多样化的学习需求。

5.构建基于现代信息技术的地理课程。在课程内容选择、教学方式方法改革和教学评价中,要充分考虑现代信息技术的影响,为发展学生自主学习意识和能力创造适宜的环境。

6.建立学习结果与学习过程并重的评价机制。地理学习的评价,既要关注学习结果,也要关注学习过程,以及情感、态度、行为的变化。实现评价目标多元化、评价手段多样化,形成性评价和终结性评价并举,定性评价和定量评价相结合,创设一种"发现闪光点""鼓励自信心"的激励性评价机制。

学习中学地理课程的目标如下:

通过7、8年级地理课程的实施,学生能够了解有关地球与地图、世界地理、中国地理和乡土地理的基本知识,了解环境与发展问题;获得基本的地理技能以及地理学习能力;使学生具有初步的地理科学素养和人文素养,养成爱国主义情感,形成初步的全球意识和可持续发展观念。

一、知识与技能

1.掌握地球的基本知识,学会运用地球仪的基本技能;掌握阅读和使用地图和地理图表的基本技能,初步学会简单的地理观测、调查统计以及运用其他手段获取地理信息等基本技能。

2.能初步说明地形、气候等自然地理要素在地理环境形成中的作用,以及对人类活动的影响;初步认识人口、经济和文化发展的区域差异,以及发展变化的基本规律和趋势。

3.知道世界、中国和家乡的地理概貌,了解中国与世界的联系;初步学会根据一个国家或一个地区的地理信息,归纳其地理特征。

4.了解人类所面临的人口、资源、环境和发展等重大问题,初步认识环境与人类活动的相互关系。

二、过程与方法

1.通过各种途径感知身边的地理事物,并形成地理表象;初步学会根据收集到的地理信息,通过比较、抽象、概括等思维过程,形成地理概念,进而理解地理事物分布和发展变化的基本规律。

2.尝试运用已获得的地理概念、地理基本原理,对地理事物进行分析,做出判断。

3.尝试从学习和生活中发现地理问题,提出探究思路,搜集相关信息,运用有关知识和方法,提出看法或解决问题的设想。

4.运用适当的方法和手段,表达自己学习的体会、看法和成果,并与别人交流。

三、情感、态度与价值观

1.初步形成对地理的好奇心和学习地理的兴趣,初步养成求真、求实的科学态度和地理审美情趣。

2.关心家乡的环境与发展,关心我国的基本地理国情,增强热爱家乡,热爱祖国的情感。

3.尊重不同国家的文化和传统,增强民族自尊、自信的情感,懂得国际合作的价值,初步形成全球意识。

4.增强对环境、资源的保护意识和法制意识,初步形成可持续发展的观念,逐步养成关心和爱护环境的行为习惯。

初中地理的第一课

案例背景

我教初中地理已经有 17 年,虽然我们地区的中考不考地理,但是我认为必须给学生上好每一节地理课,因为它关系到学生一生的综合素质问题。作为地理老师自己不仅不能放松而且要对这一学科充满信心,更要按照新课标的要求精心备好每一节课,并以饱满的热情走上讲台,给学生带去知识、带去微笑、带去希望。

对于刚刚从小学走进初中的学生来讲,上好初中地理第一课对学生来讲就更为重要。因为地理是学生从小学阶段向中学阶段转换而设置的衔接课。通过给学生讲解有趣的地理现象和人地关系方面的地理趣味知识,以增强学生对地理学科的重新认识,提高学生上好地理课的自觉性,使学生逐步养成热爱地理科学、钻研地理科学的良好风气。

案例描述

一、以疑激趣

教学片段一:

教师问(同步展示图片):西亚的沙特阿拉伯,人们把旅店的床位安排在屋顶上,大家说为什么呀?

学生 1:他们那地方很穷,修不起房子。

学生 2:不对,沙特阿拉伯很富裕,石油资源非常丰富,所以不可能是因为穷。

学生 3:老师,是不是因为那地方环境优美,住在屋顶可以尽情地欣赏周围的风光,站得高,看得远。

学生 4:不对,那晚上就不怕冷? 也不怕下雨?

教师:同学们,要想搞清楚原因,就得好好学习地理,学好了你的知识自然就丰富起来了,你就能解释这些奇怪的现象了。

学生们:老师,我们现在就很想知道沙特阿拉伯为什么把床位安排在屋顶上?

教师:好吧,请同学们看地图,沙特阿拉伯位于热带、亚热带地区,终年气温很高;气候干旱,很少下雨,可谓"滴水贵如油",人们把床位安排在屋顶上,没有被雨淋湿的后顾之忧,这是与当地气候条件相适应的一种特殊的人文景观。

学生们:啊?原来如此呀!

教学片段二:

教师问:来自非洲东部高原地区的运动员经常能取得好成绩的原因是什么?

学生 1:他们没有鞋子穿,已经练出了赤脚走路,所以跑起来快。

学生 2:不对,没有鞋子穿与跑得快没有关系。

学生 3:可能是因为他们经常追赶野兽练出来的。

学生 4:是不是因为他们经常没有水喝,锻炼出了忍饥挨饿的本领,在跑步中不觉得渴、饿。

教师:大家思维很活跃,老师感到很是欣慰,不过,你们说的还是没有科学的依据,要想弄清楚原因,大家就得学好地理。现在我就给大家讲讲为什么。请看图,非洲东部是高原地区,高原地区由于地势高,大气中含氧量相对较低,长期生活在高原地区的人,适应了缺氧的环境,中长跑运动员需要有较强的有氧耐力和无氧耐力,而来自高原地区的人,无氧耐力具有优势,比较适合中长跑运动,这也是来自东非高原的运动员取得好成绩的一个重要原因。

教师:通过探究一些问题,同学们,你们说,学习地理这门课好不好呀?有趣没趣呀?

学生:好,很有趣。

评析:教师提出的一些问题抓住了学生好奇的心理特点,以疑激趣,使学生形成对地理的好奇心和兴趣,激发探究地理问题的动机,养成求真、求实的科学态度和审美情趣。同时,老师让学生先七嘴八舌地发言体现了学生的主体地位,教师以谈话、聊天的形式来和学生对话,体现了师生关系民主、融洽,也很符合《地理新课程标准》中"学习生活中有用的地理"的理念。

二、引导学生明白学习地理的方法

教学片段:

教师问:同学们,既然地理课能让我们知道很多道理,那么如何才能学好地理课呢?

学生1:做好课前预习。

学生2:及时做作业和复习。

学生3:上课认真听讲,不说闲话、不做与课堂无关的事情。

学生4:要有坚持不懈的毅力,不能三天打鱼,两天晒网。

教师:如果你想了解一些地方或者了解一些地理现象,你必须首先知道它们在地球的什么地方,然后才能进一步去分析产生一些现象的原因,对不对呀?

学生们:对!

学生5:老师,像我国南方为什么就热,北方为什么就冷,这要看地图才能分析出来。

学生6:为什么俄罗斯的东部地区人烟稀少,这也能看地图就能分析出来。

学生7:如果不看地图,我们就不知道西藏在什么地方,美国在什么地方。

教师:同学们分析得很对,学习地理离开了地图,就等与空中楼阁,无源之水,无本之木。

教师:要想学好地理的确需要大家做好课前预习、课后复习、上课认真听讲,你们说的这些道理是学习每一门课程所要求做到的。地理学科除了要求做到以上几方面以外,我们还得重视学会读图,提高读图、识图能力。

评析：长期以来，所有的课程的学习都好似教师讲，学生听，满堂灌，一堂课，根本没有学生发言的权利，以上对话就彻底打破了传统的学习方法，充分发挥学生的主体参与意识，课堂充满了民主的气氛，从对话中也能感到学生认识问题的能力还是很强的。

案例反思

本课以"聊天""谈话"的方式，与学生共同研讨地理与生活的关系，尽量从学生的经验出发，遵循从感性认识开始，然后再上升到理性认识。尽量利用创设学生熟悉的学习环境，使学生在教学活动中，积极思维、积极发言，学习有兴趣。坚持了"以学生的活动为主，教师讲述为辅，学生的思维在前，评价在后"的原则，使学生树立起了自主学习的意识。

同时，本文彻底打破了传统的学习方法，充分发挥学生的主体参与意识，课堂充满了民主的气氛，那种把学生看成什么也不知道的陈旧的观念在这里荡然无存。

（苏灵琴）

游戏探索新知——教学生识天气

案例背景

本课的教学目标是让学生掌握"看符号，识天气"的学习技能，认识天气变化与人类生活、生产之间的关系。本课是让学生通过游戏竞赛的方式来认识天气符号，增强学习兴趣；并且借此让全体学生百分之百地活动起来，体验合作学习的乐趣及培养合作学习的能力。

案例描述

以班级内现有的小组为比赛单位（一般为 6 个小组，每组有 5～6 个学生）。在讲台上另有 6 个盒子，分别装有：1 号——天气名称的纸条；2 号——显示天气名称的天气符号；3 号——风向标符号；4 号——对生产生活现象描述的纸条；5 号——表示行为指向的纸条；6 号——表示若干生活用品的符号。要求每组从第 1 个同学开始依次从 1 到 6 号盒子里拿出相对应的纸条贴在黑板上，看哪一组最快最准确。每小组只有一个同学可以上前操作，第二个同学必须在前一个同学返回座位后，方可开始；如果两个同学同时上来，则取消比赛资格。6 个小组同时进行比赛，教师与打单的学生共同做裁判，并给每组记时，比赛结束，各小组陈述选择的理由。大家共同评价：看看哪组同学配合最默契，完成速度最快，选择内容最准确，陈述的理由最有道理。

案例反思

本课内容以往的教学方式一般是用看录像的形式来开展，虽然通常也能够收到较好的效果，但是对某些学生来说，学习方式过于呆板，由此而影响到他们学习的积极性和效果。改用游戏方式教学之后，学生的学习参与率是百分之百的；学习热情是相当高涨的；学习效果也是相当显著的。并且游戏设计的过程是与学生实际生活相联系的，对他们将来的生活是有实际帮助意义的。合作学习最终的目的应是使每个学生都能更主动地得到发展,得到更广泛的发展,包含知识、方法、能力及情感、态度等。这也正是素质教育"一切为了学生,为了一切学生,为了学生的一切"的具体体现。

(孙淑梅)

第三章　教学案例中的灵感闪现

第一节　关于教学灵感

教学灵感是指在教学过程中,师生情绪处于奋发激昂、思维处于活跃升华状态时,由于外界某种因素的启发,突然使正在探索的或者长期探讨而未解决的教学问题或难题得到明确解决的精神活动。

在教学过程中,为什么要研究和探讨教学灵感呢?

第一,教学灵感有利于教学过程达到最优化。

教学灵感是一种普遍而又重要的教学心理现象,是许多教师和学生都体验过的心理现象。教学灵感是师生思维在教学过程中质的飞跃,是师生思维活动处于最积极、最高涨、最富有创造性时的高峰体验。教学灵感可以使师生思路通畅、想象活跃、反应灵敏、精神饱满、注意专注,使师生能排除其他各种无关因素的干扰,摒弃习惯的按部就班的教学方式,使教师的教和学生的学都有一种酣畅顺适、得心应手之感,这就有利于教学过程的顺利进行,有利于教学过程达到最优化。

第二,教学灵感有助于教师对教学整体把握和构思创新。

在备课过程中,教师常常积累了不少材料。但是,如何去粗取精、去伪存真,选择最正确最科学最有价值的知识教给学生? 这是许多教师在备课过程中感到最棘手和最容易卡壳的问题,这其中缺少一个能"一以贯之"的东西,犹如珍珠需要一根线加以贯穿才能成为项链,教学灵感就是这根线,它能使教师做出高层次选择。尽管备课过程中,教学灵感的作用似乎不那么明显和具体,但教学灵感在潜在中却起了组合和导向的作用,使零碎的材料上升为系统的教案。这是一个飞跃,教学灵感所选择的新的教学构思,并不是用逻辑推导的方式一步一步得出来的,它具有跳跃性,教学灵感袭来时,教师常常有豁然贯通的感受。

第三,教学灵感能使教学过程达到高效能和高速度。

在教学过程中,当出现教学灵感时,教师往往会感到教学会出现前所未有的高效能和高速度。例如,在教学灵感状态下,有的教师常常口若悬河,旁征博引,妙语连珠,神采飞扬,真乃"上下五千年,纵横八万里",听课者无不惊叹教师的学识渊博,神采飘逸;有的教师频频提示、导引,师生竞相问答,课堂气氛热烈,在师生思想碰撞中,时而迸发出智慧的火花,创新的成果,使教学达到出神入化、妙趣横生的最佳境界;有的教师往往提要钩玄,启发点拨,打开学生的心扉,话虽不多,却是画龙点睛,能最大限度激发学生强烈的学习兴趣和浓厚的求知欲望,调动学生学习的积极性、自觉性和主动性。

在教学过程中,如何激发和生成教学灵感呢?

我国心理学家对灵感产生的研究具有十分重要的理论价值和实际意义,说明灵感并不是少数"天才"的专利,而是逻辑思维和非逻辑思维的有机结合,一般教师或者学生经过努力,同样可以激发教学灵感。下面,主要从教师角度谈谈如何激发教学灵感。

第一,教师要对专业执著追求。

我们在对灵感的研讨中,发现一个有趣的现象,除了少数兴趣广泛的多才多艺者外,绝大多数专业创造者只会出现与其专业有关的灵感。一个人越是热爱其专业,越是执著追求,其专业灵感出现的频率便越高,这是因为专业性语言的积存是与灵感的产生、发展、加工有着深刻而密切的联系。

第二,教师要热爱学生、关心学生和了解学生。

教师进行教学改革、教学创新的最终目的是什么? 我们认为,最终目的是为了学生成长、成人、成才。从此意义上说,教学灵感源于教师对学生的爱,诚如钱梦龙老师所说的:"教育,就是给人以积极向上的影响力,教育艺术就是影响人的艺术。因此,对'人'的关心,对'人的成长'的关心,是一切教育艺术的'灵感之源'。"教师唯有热爱学生、关心学生,才能自觉地刻意地去了解学生。教学是师生的双边活动,教师教的灵感必须与学生学的灵感产生和谐共振,激起学生的审美心理共鸣,才具有教学艺术魅力。教学灵感的诱发要求教师对所教学生的认知领域与情意领域有深刻、全面的了解和把握,能够真正做到想学生所想,想学生所难,想学生所错,想学生所乐,想学生所忧。从而在教学过程中能灵活自如地用自己的教学思路引导学生的学习思路,用自己的情感激发学生的情感,用自己的意志调节学生的意志,用自己的个性陶冶学生的个性,使师生心心相印,共同进入那微妙的心理相容的教学意境,这个教学意境就是教师展示自己教学灵感之域。

第三,教师要有明确的教学创新动机。

在教学过程中,当教师有着明确的教学创新动机时,教师就会在教学创新动机这种内驱力的驱使下激发出教学灵感。

动机是驱使人们活动的一种动因或力量,包括个人的意图、愿望、心理的冲动,或企图达到的目标等。动机具有两种功能:一是唤醒功能。就从事某一活动来说,具有适当动机的人同不具备适当动机的人相比,前者唤醒水平高,注意力集中,后者唤醒水平低,注意力分散。二是指向功能。每当动机推动人活动时,这种活动总是具有一定的指向性,即促使人的行为指向某一客体而相应地忽视其他客体。动机的两种功能都是催发教学灵感的动力源。因此,教师具有明确的教学创新动机。

第四,教师要进行长期艰苦的创造性劳动。

尽管教学灵感的发生具有很大的偶然性,但教师若守株待兔,不想通过艰苦的创造性劳动而期望教学灵感的到来,灵感也始终不会光顾他。教学灵感只能在教师艰苦的创造性劳动中产生,只能靠教师在长期积累中形成的具有教师个人信息库风格特点的以专业性内心语言编码的大脑信息网络系统去捕捉。简言之,教学灵感只青睐于有准备的教师,这种有准备的头脑又来之于教师长期的艰苦的创造性劳动。

第五,教师要善于抓住捕捉教学灵感来临的时间。

每位教师都有此体会,即在一天的某一特定时刻,如在备课时,或与学生质疑问难时,或在课间休息时,或在教研室讨论时……突然灵感特别活跃,其他时间未能解决的问题,在这一特定时刻,往往会迎刃而解或豁然开释,并且思路流畅、简洁。有时,甚至还会触发连锁反应,引发出前所未有的新颖课题和思维角度。为此,教师必须随时准备好教学灵感的到来。我们建议,对于教学灵感,教师不妨随身携带纸笔,及时记下来。

第六,教师要具有一个良好的心绪。

每位教师都有自己独特的心理节奏、特殊的生理需求、不同的体力调节和情绪变化,但有一点是共同的,即当教学灵感来临时,教师必须有一个良好的心绪,此时,教师情绪高昂,精神愉悦,一旦遇到新的刺激,大脑反应灵敏,就很容易获得教学灵感。如果教师心绪不好,情绪低落,闷闷不乐,或者松懈懒惰、自满自负、饱食终日、无所用心,那么,教学灵感是不会拜访他的。

(佚名)

第二节 相关教学案例展示

智慧老师——课堂上传来的鞭炮声

案例背景

梁启超先生说:"教员不是拿所得的结果教人,最要紧的是拿怎样得着结果的方法教人。"为人师者,经常能在课堂上遇到各种各样的突发状况,此时,如何捕捉契机,促进有效生成就成为一个优秀教师不可不学习的内容。"一切为了学生,为了学生的一切",这是每个教师心中不可撼动的信念。

案例描述

开学第一天的语文课,我准备跟学生大概地谈谈我的教学计划和这个学期的语文学习特点与要求,而不准备上新课。

开课才5分钟左右,正跟学生们说着"不要把中考分数当做初中语文学习的最终的、唯一的目的",教学楼外面突然传来了一阵响亮的鞭炮声。

原来是与教学楼仅隔10米的居民楼上的一户人家在阳台上放鞭炮。这家的高度正好与教室差不多,所以在教室里,可以清晰地看到搁在阳台架子上的鞭炮。随着响亮、刺耳的鞭炮声响起,还能看到明亮的火光。

此刻,学生中间已经有了不小的骚动,有的很好奇,有的很吃惊,还有的则显得很兴奋,甚至乐不可支、手舞足蹈;不过,也有几个学生表现出雷打不动的镇定。第一节课的良好氛围眼看着就要被这突如其来的鞭炮声给打破了。不知道这鞭炮声要持续多久,我在心里嘀咕着。

不行,不能就这样干等着! 多年的教学经验告诉我,对待课堂上的突发事故,最需要的是教师的智慧。再说,课堂上出现这样的插曲是不多见的,更何况是"声光"齐全的呢! 我不是常跟学生们说生活中处处有语文吗? 不是一贯强调要利用一切机会综合培养学生的听说读写能力吗? 不是抱怨过学生的生活太单调、学生的观察能力不强吗? 此刻,如此鲜活的现象就在我们眼前,为什么不好好利用一下呢? 得抓住这个机会为课堂服务、为我们的语文学习服务！先让他们观察,我作出决定!于是,我跟全班同学说:"请大家赶快看外面。"

随着这声指令,孩子们异常兴奋起来。原来只是乖乖地在自己的座位上远远地看,现在呼啦一下都涌向了窗边。孩子们的注意力已经完全被鞭炮声吸引了,此刻再讲语文复习、迎战中考估计是没什么效果的,不如利用鞭炮声,顺水推舟下去。

过了一会儿,鞭炮声越来越稀疏了,最后戛然而止,但空气中还弥漫着烟火的味道。

孩子们在我的招呼下都回到了座位上,可是教室里一时根本静不下来,他们由此打开了话题,说鞭炮声,说烟火味,甚至说到今天是元宵节,等等。教室里一片繁华热闹的景象!

如何把他们的注意力引导过来呢?看来只有利用好这个突发事故里的语文要素了。

于是,我让他们分享刚才听鞭炮声时的感受。孩子们七嘴八舌地说了"啪啪""噼里啪啦""嘭嘭"等几个象声词后,似乎就没有什么可说的了。

我微笑着看着他们。他们被我弄迷糊了,你看看我,我看看你,最后都望着我,不知道下面老师要上什么内容。

我说:"下面请用自己的语言把刚才听到的声音描述出来。"我刻意强调了"描述"二字。

可是,我听到的依然还是那几个拟声词。

这就是我们听到的声音?如此单调?如此没有特点?若是没有经历过刚刚课堂上那一幕的人如何能感受到鞭炮炸响时的具体情况呢?

想到我们的教材里有不少描写声音的内容,于是,我把孩子们的思路引向教材。

"我们学过哪些有描摹声音内容的文章?"

学生边回忆边说出这样一些课文——《口技》《安塞腰鼓》《吆喝》等。

这些课文里确实都有直接描摹声音的内容。

我问学生们是否还能想起其他文章,他们似乎仅能说出这些课文。

于是,我启发他们回忆有写声音内容的课文。

我提示:同学们再回忆一下我们学过的文章。《童趣》中"夏蚊成雷",用了夸张的手法,写出了蚊子声音大,侧面写出蚊子多;《山中访友》用了丰富的修辞手法,写出了自然界中许多"友人"的特点,生动地展现了山林之美;《云南的歌会》写道,走在山路上能听到"各种山鸟呼朋唤侣"。学生们的思维已经被这些美妙的"声音"激活了,他们说到了云雀的声音,从云雀我们又很自然地联想到了"百草园"里"油蛉在这里低唱,蟋蟀们在这里弹琴",还有三味书屋里"于是大家放开喉咙读一阵书,真是人声鼎沸"。这样,师生们又一起回忆了小学教材中好几篇写声音的文章。学生的思路又从现代文进行到了文言文中。

此时课堂气氛热烈、快乐,学生们也没想到他们能在这么短的时间内说出那么多与声音有关的语句来。

我归纳道:"回忆了这些课文,我们可以有这样的认识:有的声音本身就是文章要写的主要内容,有的声音只是为了起到衬托、渲染作用,但不论它为何而存在,要把声音写好,都不能简单地、纯粹地用拟声词来写。我们可以用一些手法,如丰富的修辞手法、多种表现手法,多角度地展示声音。"

然后我让学生努力用语言或文字描述出刚才听到的鞭炮声。

学生沉思,然后发言交流。

下面这段文字是赵书恒同学的发言:

最开始的那声"啪"仿佛在静悄悄的教室里形成了一股无形的巨大引力,把我们的目光和心硬生生地拽了过去,紧接着的"噼里啪啦"以每秒 340 米的速度迅速地震荡着我们的耳膜,超过了吴道一和周文杰吵架时的声响,达到了这个教室里史无前例的分贝,仿佛在一个塞满跳跳糖的嘴巴前面放了一个超大的扩音喇叭。

我带着学生们对赵书恒的这段话进行分析:用丰富、生动的比喻、对比修辞手法把鞭炮的声响及其给我们的听觉带来的效果恰如其分地表现了出来。

　　"一股无形的巨大引力，把我们的目光和心硬生生地拽了过去"，这句话贴切地表达出这声突然的"啪"给正在进行中的课堂教学带来的震动。"硬生生"和"拽"这两个词太有表现力了，生动地写出了声音的强大磁力。虽然不想去听这样的响声，但是此时已经无可奈何、迫不得已了，不听也不行啊。把你"拽"过去了，还能不听？跳跳糖在嘴巴里会边跳边发出"刺刺"的声音，如果嘴巴里塞满了跳跳糖，那声音一定是不小的。把这样的声音通过面前的"超大的扩音喇叭"传出去，想象一下，就应该是耳边的这阵鞭炮声了。另外，夸张、作比较手法的运用也使这段描摹的声音变得更具体，让人更容易感觉到。

　　通过这一语言片段的分析，学生们对描摹声音的手法有了更直接、更深刻的认识。

　　于是，在充分赏析了这段现场描写的片段后，我要求学生们用笔描述刚才的鞭炮声。

　　下面是学生的几则练笔：

　　一阵炸响打破了教室里的庄重气氛，同学们开始骚动起来，经过楼房的反射，鞭炮声听起来略有些沉闷，就像是从深巷中传出来的一样，但丝毫不影响那喜庆的爆炸、翻腾、上升。噼里啪啦的声音刺激着我们的耳膜，隐隐作痛，让人情不自禁地捂起耳朵。爆炸声盘旋向上，飞向空中。（孙樾）

　　一声巨响之后，爆竹的声响漫天旋舞，让我们听到了那还未散尽的喜庆。一声接着一声，如掌声般竭力，让我们嗅到了那快乐的年味。爆竹，你红色的身体、彩色的声音，就这样和着空气中的祥和喜庆沁入了每个人的心涧，化为永远奔流的红色春节。（张梦华）

　　"噼，啪，噼里啪啦……"一阵鞭炮声炸醒了我的神经，教室里一下子喧闹起来。坐在窗边的我向窗外望去，一串鞭炮正挂在对面阳台上。红色的爆竹纸上下翻飞，鞭炮周围烟雾缭绕……坐在教室里的我仿佛闻到了硫黄的味道。（甘中沁）

案例反思

　　这节课因为突然而至的鞭炮声,把教学的方向转向了对已学课文的整合性的梳理和创造性的运用。可以说这是一节特殊状态、特殊内容的课内阅读复习课;同时,学生在归纳和总结写声音的方法后又进行了现场说话、书写活动,因此,也可以说这是一节语言活动课、片段写作训练课。我巧妙地利用了教学中的突发"事故"——课堂上传来鞭炮声,把它作为一个非常好的"教学凭借",展开了一举两得的读写结合活动。

　　教学凭借,是支撑和推进教学过程和学习活动的教学环节。它可能是动态的,也可能是静态的。在现实课堂中,有多种形式的教学凭借,而且绝大部分教学凭借是可以预设的,如引用的各种资料等。而有些是不能预设的,然而又是一般课堂上常见的现象,如学生的提问等。当然,也有完全不能预设、事先也想不到的,这也可以作为教学凭借,如上面课堂上传来的鞭炮声。如何应对这种突发事故,往往能检验出教师的教学智慧。教学的确定性与不确定性往往能够造就出师生共同参与、共同创造的新时空。课堂是一个真实的、始终处于运动过程中的特殊的场,与这个场相关的因素很多,而且处于变化之中。影响课堂场效应的,既有场内因素,又有场外因素。如在上面的课例中,师生原本都是在正常的教学情境中,教学场处于和谐的自然的运动状态,保持着一种场平衡。这样,教学就自然平稳地向前推进。然而,突然传来的鞭炮声,作为一个很大的场外因素,破坏了原来的场平衡状态,影响了正常的教学状态。这样一场突发事故,也正是考验教师是否有教学机智和应变能力的最佳时机。此时,教师不能束手无策,而要凭借自身的素质,及时把教学现场中的人、物、精神等诸多因素有机地结合起来,巧妙而又灵活地调控并利用这些"意外""事故",让它们作为新的教学凭借参与到教学中并创造出新的价值。

(江苏省南京外国语学校　柳咏梅)

一次"象棋"事件

案例背景

"植物茎的输导功能"是义务教育课程标准实验教材中的内容。根据新课程标准的要求,本节课的目标主要有三个:一是说出枝芽主要结构以及枝芽与茎的关系;二是举例说出茎的主要结构以及各个部分的作用;三是说出导管和筛管的位置和功能。

案例描述

在这节课中,第一个教学目标在我们师生的共同配合下,很顺利地就完成了。在完成第二个目标时却很出乎我的意料。为了让学生很好地观察茎的基本结构,并且真实清晰地认识茎的各部分的名称结构。我准备了一些自制实物教具——一些用松木杆截成的松木杆的横切面。当时我拿着教具问:"同学们,你们仔细看一下老师手里拿的是什么呢?"大家的目光此时都集中到我的手上了,教室顿时静了下来。同学眼睛似乎闪烁出异样的光芒,突然一个声音打破了沉寂的局面"是象棋"。顿时整个教室爆发出一阵哄堂大笑。

我被这突如其来的答案弄得不知所措,脸刷地一下就红了。心想学生怎么能捣乱呢?明明本课讲的是茎的基本结构,它就是一段茎的横截面,怎么能是象棋呢?我的脸色也沉了下来,生气地向下看。看看到底是谁在捣乱!

同学们此时也都静了下来。特别是肖云鹏,就好像是犯了什么特大错误一样满脸通红而且把头压得很低。"肖云鹏!"我大声地叫道。他的脸更红了,胆怯地站了起来。"我平时下象棋的棋子和这个很相像的,我也不是故意的。"他吞吞吐吐地答道。当时真的想狠狠地批评他一顿,可是我转念一想,他也意识到自己的错误了,是象棋也没错呀!这说明学生的想象力比较丰富,善于联想,这有什么不对呢!而且对于现在的学生我们就应该培养他们的想象力和创造力嘛!(后来我才了解到他十分爱下象棋,是小有名气的"棋王",那时我才体会到爱屋及乌的道理。)这时我马上说:"肖云鹏同学说得对,但是不全对,你们再仔细观察一下这个小木段和象棋有什么不同呢? 这是什么部分的横截面?"这一问把他问住了。他想了想说:"树干。"我摇摇头。我把目光转向其他同学。他们你看看我,我看看你,没有人敢回应。

这时我就鼓励他们说:"勇敢一点,再仔细思考一下,即使回答错了也没有关系的,只要同学们回答得合情合理就可以。"同学们的热情又上来了,他们把手举得老高,有的同学还站了起来,不停地小声地说:"老师,我! 我!"整个课堂又"乱"了起来。"好,谁会就主动站起来回答就可以。"我再次鼓励。之后争先恐后地又站起来好几个,可是都说是"树枝"。我摇了摇头转身在黑板上写下"茎"。

"茎?"同学们都很疑惑。于是我讲道:"你们说得对但是不够全面,其实植物的茎包括主干和侧枝,我手中的'象棋'是用松树的侧枝截成的。但是我们可以说所有的像这样的'象棋'都是用侧枝截成的吗? 当然不。"同学们的疑惑解开了。

"我很高兴大家有丰富的想象力,但是大家是不是还应该具备严谨的科学态度呢?"

"是。"

"你们想成为一名植物学家吗?"

"想!"同学们的声音很大,热情很高。

"同学们,你们想知道小树是如何长成参天大树的吗?"

"想!"同学们的热情更高了。

"那我们就必须来研究一下这颗'棋子'的结构、各部分的名称及作用是怎样的,好吗?"

"好!"同学们有些迫不及待了。

"现在每个组发一个,给大家研究参考,经过研究讨论,然后进行结果报告。"各组的组长迅速地把木段领了回去开始积极地研究。我看了一下同学的热情很高,尤其是刚才说是"象棋"的肖云鹏更是积极地带动全组的同学开展研究讨论。其实在平时他是没有这样的学习热情的,即使老师对他提出问题,他也是一副漫不经心的样子。然而这次却和以前有了很大的反差。当时我就觉得奇怪。过了五分钟,同学的讨论研究还在进行而且热情还是很高涨。

"好,就到这里,你们研究的结果怎么样了?"

"完成了!"第五组首先回答。其他的组也跟着回答。

于是第五组的代表发言,可是这个代表在报告的时候不是很流利,还不时地向同组的同学询问。这可把肖云鹏急坏了,他着急地想回答问题但又不敢,我见到这种情况很高兴。他一定是对这个问题研究得很透彻,要利用好这个机会。

"好,这位同学就先报告到这里。有谁愿意来当一回'老师'给大家讲讲课?""谁能够毛遂自荐!自愿到前面来讲。"我看到同学们那积极高涨的热情,我以为会有很多人争先恐后地上台来,可是接下来的却是教室内的沉寂。我想这下可要失败了!当我观察肖云鹏还在犹豫,就用充满信任的目光鼓励他,他终于站了起来,胆怯地走到讲台。我用手拍拍他的肩膀,又微笑着向他点点头。我就走到他的座位坐了下来。接着他就开始断断续续地"讲课"了。他讲的课赢得了大家的掌声。过了一会儿他也就自然了许多,手中举着那个"象棋"头头是道地给大家讲着,还不时地给同学进行答疑。

在肖云鹏的带动下,我顺利地完成了"茎的结构"和"茎的输导功能"的教学。几位学生也当了"老师",当了"植物学家"。我呢,也达到了教学目标和教学效果。学生高兴我也高兴,真是师生双赢啊!

快下课了,我叫同学上交实验材料。可是当我收到实验材料之后把我气坏了。原来好好的木段现在却真的变成了象棋。他们在木段上面用钢笔或圆珠笔写上了"将""炮""卒"等字。可是又一想,不如因势利导,我说:"今天的作业不留了。"

"啊,不留作业了?"学生很惊疑的样子。

"是的,今天回去大家像这样制作一副简易象棋。作为作业怎么样?"我指着手里带字的木段说。

"好!"他们高兴极了。

"不过在这里我要说一件事,以后要注意不要随便损坏实验材料啊!"

"是,老师! 我们以后不这样做了。"

第二天,我在上课之前检查他们的作业。结果确实又让我吃惊。大部分同学确实用木段做的,也有一部分同学是用废塑料瓶盖做的,在上面还用笔补画了"年轮",制作得十分精美逼真。还有的是用彩色的硬纸片做的,有各种颜色,很漂亮。当我看到这些"杰作"的时候我很高兴。因为这表现出他们的想象力和创造力!

教学反思

我感谢生物课上的"象棋"事件,因为我在上课前,是没有想到"象棋"的,没有想到"学生也能当老师",没有想到……通过这样一个意外事件,激发了我的教学灵感,在以后的教学中,我想这样的课可能会不断出现。

（佚名）

体育课上"钻山洞"游戏的新玩法

案例背景

一堂体育课,要求教师精心准备,有着自己一定的教学模式,但在教学过程中,教学设计想不到的事件和问题也会出现,如何处理这些事件和问题与教师的教学理念、自身素质、教学经验和教学机智有着很大的关系,当出现问题的时候,是教师大显身手的时候,如何解决能反映出教师处理突发事件的能力,适时运用灵感,处理得当,能变被动为主动,可转化教育的材料,有利于教育和教学活动的开展,处理不当,会影响教学活动的开展,可能会影响教师的威信和师生关系。事件和问题的出现是我们不可预测的,下面这则案例,是学生在上课过程中出现的真实故事。

案例描述

本节课是游戏课,让大家玩"钻山洞"的游戏。所谓的"钻山洞",是把学生分成男、女两队紧靠在一起,然后每人都两脚分开形成一个"山洞",听到信号后,最后一个开始爬出山洞立即站在最前面,然后依次爬完。

之所以选这个游戏是因为考虑到整节课都在跪,下肢活动较多,也比较枯燥,用钻山洞,是想调节一下,上下肢并用,并且可以活跃一下气氛。这个游戏我在以前的课上及训练中,课堂气氛热烈,效果非常好。并且国家足球队在训练时也有采用此游戏进行调节的,也照样玩得不亦乐乎。

当我向大家讲完规则和要求后,学生的表情并没像我期待的那样;相反,有几个女生的眼神中流露出不情愿的表情。在我看来,他们是怕脏、怕累、怕不雅观。于是,我就大讲作为青少年,作为初中学生应该多吃苦,不怕脏和累,多多磨炼自己,不要太娇气……

在我的"教育"下,大家开始玩,男生还不错,有几个女生不愿意钻,但碍于我苦口婆心的教育,最终还是钻了,但我明显感到她们情非所愿。

是哪里出问题了？我自己问自己。

不行,作为一名优秀的体育教师,我不可能让同学们在我的课上闷闷不乐。我灵机一动,找来不太情愿的一名女生。

师:"和老师说说,你怎么不高兴呀?"

生:"老师,能不能不玩这个游戏呀?"(我感觉到事态的严重性。)

师:"为什么? 你能说出原因是什么吗?"(我带着疑问。)

生:"我不钻别人,也不想被人钻,钻了以后我就长不大了!"(说这段话时该同学很委屈。)

师:"那么你们有什么好方法,既能调节气氛又能使上肢得到活动?"(先前的那个女生一听,先是一怔。)

生:"老师能不能变换一下,两排人面对面手搭肩形成个'山洞',女生和男生比赛,男生可以让我们一段距离。"(后又露出喜悦的神情。)

师:"好哇!"(我一听,喜上眉梢,不假思索。)

生:"这样的话,我们都愿钻。"(学生精神抖擞。)

我趁热打铁,口哨一吹,就像一阵风似的,队伍马上集合好了。

我说:"现在有请张玲玲同学来讲解钻山洞新规则。"

同学们侧耳倾听,张玲玲同学讲得非常仔细。过了3分钟,游戏重新开始了,男生站的距离比女生远3米,在这次游戏过程当中,女生的激情不亚于男生,张玲玲同学表现十分抢眼。最后,本节课在欢呼声中结束了。

当我要回办公室休息的时候,张玲玲同学跑到我跟前。

生:谢谢您,老师!(面带笑容)

师:为什么?(诧异)

生:我没想到您会采纳我的意见,还让我们自己玩。(流露出天真的面孔)

师:不,我要谢谢你们,你们不但展示了自己的才华,还给我上了一节课,我衷心地谢谢大家! 特别要谢谢你!(为学生能有这样的创新思维感到欣慰。)

案例反思

1.让学生像鸟一样自由飞

学生真的喜欢上体育课吗?这个问题是体育老师困惑和迷茫的,固定的教学模式,木偶式的教学方法,谁都会厌。但是,有了大家思考和创作的空间,游戏课便被注入了生命,它变成了一个载体,一个能让学生自由飞翔的载体。此时的学生不会介意体育课很枯燥,反而做得更好,玩得更尽兴,这才是他们的追求。

2.让灵感的火花永不熄灭

学生真的没有创造力吗?看看学生的表现,想想自己的做法,确实感慨万千。老师自己习惯于某种定式,学生也会习惯。在习惯的过程中,学生的思维能力在老师的"教导"下萎缩了,原来活泼的学生,变得"老成持重"了,大家的想法日趋统一,最后变成了一模一样的"合格"产品。

《课程标准》针对传统体育课中教师居于绝对支配地位、反复练习和训练成为主要教学手段的现象,提出要提高教学活动的有效性,强调帮助学生自学、自练和学会合作学习和探究式学习,提高学生的体育学习能力。在这节游戏课里,自己稍微一放权力,学生把钻山洞游戏玩法就会换成另一种新的花样,比老师安排的好多了,并且在活动过程中提高学生的激情程度远远超过老师事先安排的教学模式。学生的潜能就是一座埋藏在地下的火山,只要老师给个空间,他们思维的火花便会喷涌而出!教师的教学灵感绝对不可或缺。

3.不要轻易放过机会

体育老师首先是老师,肩负着培养学生的任务,很多老师都知道如何提高学生的运动技术水平,激发学生运动兴趣,往往却忽视了对学生的教育,即使有也只是说教,学生表面服,心里面一百个不服。当出现问题的时候,正是老师大显身手的时候,如何解决得当,能反映出一个老师处理突发事件的能力。其实,在我们的教学中,有很多这样的机会,我们往往由于没有发觉或是处理不当,把大好的机会白白浪费,甚至出现了相反的结果。

4.教育是润物细无声的春雨

是的,他们的确给我上了一节创新课,学生的文化背景不同,思维方式也就不一样,真理不是一成不变的。我们自己天天喊创新教育,而自己却习惯于墨守成规;天天说体现学生的主体作用,自己却事事替学生包办。我们很累,效果却差;轻松了,反倒有意想不到的效果。通过学生的启发,受到了教育,这是教育的理想境界,也是老师应该追求的。

(佚名)

不怕"程咬金"——一堂生动的历史课

案例背景

在教授初中历史课的过程中,我遇到过课堂上各种各样的突发状况,这时候,就需要教师的教学灵感化解矛盾,抓住契机,寻找解决问题的方法,引导学生牢牢掌握历史相关知识。

案例描述

在讲授《中国历史》八年级上册第 4 课"甲午中日战争"时,发生了这样一件事:上课铃响后,我走进教室上课,打开多媒体课件,一幅"黄海激战"图出现在学生的面前——中日双方战舰在海面上战斗,两侧慢慢出现一句诗"此日漫挥天下泪,有公足壮海军威"。

接着我向同学们讲述:"同学们,这副挽联是人民为哀悼民族英雄邓世昌而撰写的。在中日海战中,邓世昌带领致远舰出战,不幸舰体受伤,弹药断绝。他沉着镇静,指挥部下'快车'冲向日先锋指挥舰吉野,决计同归于尽。吉野大怖躲避,并以快炮及鱼雷攻击致远舰,致远舰没入黄海。邓世昌牺牲后举国震动,光绪帝垂泪亲自为他撰联,以歌颂邓世昌在黄海大战中的伟大业绩。"

这时,我举出南宋抗金名将岳飞,岳母为其刺字"精忠报国"(也用动画效果打了上去)。想用历史名句来衬托突出邓世昌的业绩,又能自然地导入新课。

正在这时,一学生举手要求发言,说:"老师,错了,精忠报国不是赐给邓世昌的。"可能是他的发言激发了另一位同学的勇气,另一位也站起来说:"我知道精忠报国是南宋初期的抗金名将岳飞母亲在他后背刺的字,那岳飞和邓世昌有什么相同的呢?"

对这半路杀出的"程咬金",我一面用较慢的语速表扬他们能思考和大胆提问,一面则以飞快的速度思考应付的办法,如果与他们讨论这个问题,教学任务很难完成,我的教学计划中根本没有这一环节。如果用以前惯用的手段"这个问题我们课后讨论好吗?"而继续把学生引入我精心预设的教学程序之中,这样做,学生学习的热情、好奇心,学生的创造思维很可能被扼杀了!

我当机立断放弃了已制作好的多媒体课件,对学生说:"三人行,必有我师焉。你们提出的问题我一时不知如何回答,我想我们只要通过学习,一定能弄清所有的问题。现在我提议分小组学习,你们俩如果愿意就带领一个小组从挽联入手,兼考察黄海的地理环境,了解邓世昌在黄海大战中所克服的困难,理解邓世昌在打击日本帝国主义时的爱国情操,并把你们的收获向同学们汇报。第二小组从清王朝国家安全的角度来考察黄海在我国海防中的地位,从而理解邓世昌为什么坚持打击日本帝国主义,与战舰共存亡以及此举的重要意义。第三小组考察黄海及朝鲜半岛的历史地位,看能否用你们的考证事实来告诉同学们日本侵略的史实:黄海自古就是中国的领海,不容你们践踏和侵略!朝鲜是清王朝的附属国,受清朝保护!第四小组,考察邓世昌在黄海大战中的历史过程,要求把海战中的路线、措施、经过、结果搞清楚,各小组形成书面材料,老师作必要的补充或更正,并对学生的成果作恰如其分的肯定,有些地方与学生再一起讨论。"就这样,本来用一节课教学绰绰有余,结果我却用了两节课时间,但除完成了本课的教学任务外,学生获得了满足感和作为学习主人自主获取知识的成就感。

案例反思

实践出真知,在课堂上遇到这样一个"程咬金"也曾使我在瞬间不知所措,但很快,一个教师的责任感和使命感以及教学经验和知识积累告诉我:必须找出解决问题的办法。于是在我脑海中闪现出了教学灵感,即抓住机会,让这两个同学的疑问以最好的方式得到解答。虽然我准备的课件没有派上用场,但在以后的教学中,我还会这样选择。

(佚名)

第三节　小议教学灵感的重要性

人们常说：台上一分钟，台下十年功。当一位教师走进课堂、站上讲台的时候，他就很想为学生们树立起一种 21 世纪优秀教师的形象：像百科全书似的学者，具有演讲家的口才、主持人的风度、演员的仪表、将军的气概。要实现这种愿望，这就要靠一个老师多年的知识储备，外加临场的随机应变，才能把一堂课上得生动有趣。这种随机应变，就是课堂教学中教师产生的一种灵感；这种灵感，是一个老师学识、智慧、自身经历、个人素质等综合因素的瞬时反应，也是一个教师多年练就的内功。正如"养兵千日，用兵一时"一样，一个老师积累知识多时，用时就会喷射而出，把知识传给学生，把关爱留给学生，把能力交给学生。

一个老师一旦产生灵感，他就会追求一种较高的教学技巧，把笑声带进教室，把知识带进课堂，把时间还给学生，充分发挥女教师的亲和力、男教师的幽默感来组织课堂教学。教师有了灵感，课堂气氛就会活跃起来，就会使学生兴奋起来。而学生也会乐于接受老师的教导，认真听课，积极回答问题，使课堂变得生动有趣，从而引导学生积极主动地参与到课堂中来与老师和同学们进行互动。如果课堂气氛很沉闷，老师不要马上就开始讲课，而应引导学生唱一唱他们喜欢的英文歌曲，组织他们做做游戏或讲讲故事。当他们情绪上来时，老师再向学生授课，教学效果就会好些，学生的学习兴趣就会浓点，这样教学就会取得事半功倍的效果。

一个教师只要乐于教学，其智力因素和非智力因素都将会很高，正所谓只要思想不滑坡，方法总比困难多，课堂教学容易产生灵感，教学内容容易设计出亮点。所以每一位教师要对自己的职业有充分认识，细心品味一下著名教育专家李镇西校长的话，"如果你对自己的职业不满意，那么你要么改变自己的职业，要么改变你的职业态度。即：在你没有改变职业之前，你只能改变职业心态"。如果一个教师努力也不能转行当科学家、公务员等的时候，按宿命论的观点来讲，那就只有认命了，脚踏实地干好本职工作，多为做好本职工作想办法、出主意，全身心地投入到工作中去，也许会收获一份意外的惊喜。先人们说："三百六十行，行行出状元"，选择自己熟悉的路，也许更容易通向罗马城。

当把教育作为事业时，教师对学生的态度也就变了。"年年岁岁花相似，岁岁年年人不同"，面对不同生源，按成都市十八中的张黎校长的说法是"要与时俱进"，及时调整自己的教学教法。虽然老师们现在还在重复"刀耕火种"的工作，还在以自己的身体健康和家庭幸福为代价去交换学生的成绩，但是常常感到付出得多，回报得少。领导对老师的教学效果不满意时，可能也会说出"没有教不好的学生，只有教不好的老师"这些时下流行的话来，当然这些话片面放大了教育的功能，是不应该随便说的，但成都市玉林中学的沈燕老师对此的解释很值得大家借鉴，"没有教不好的学生，只是还没有找到教好学生的方法"。只有老师们了解自己的教育对象发生了变化，才能"把学生当做一本书"认真去读。要读懂学生，这需要老师有灵感，才能找到因材施教的办法，也才能及时调整自己的教法，赢得不同层次的学生对自己的尊重和欢迎。

学生可能经常会问英语教师怎么才能学好英语、如何记得住单词等问题，老师们都知道要回答好这些问题挺难，要让学生满意老师的回答则更需要灵感。如果一位老师能够巧妙地把球踢回给学生，让他自己去思考解决这些问题的办法，那将是上上乘的回答。老师可以尝试去问学生记忆有多少种方法，如果学生能答上来，再继续问他这些方法是什么。其实学生一般都答不完整，老师这时才告诉他四种记忆方法分别是机械记忆、循环记忆、音形意记忆和运用记忆，再向他解释这四种记忆的含义，并问他适合哪种记忆，这就把思考留给了学生。

当今新课程改革正在如火如荼地推进之中，从高中新课程标准这五大块来看，分别是"知识技能的培养、情感态度的培养、促进心智的培养、学习策略的培养和文化意识的培养"，新课标的要求是一种人才培养模式的根本性改革。老师的教育要从过去那种只注重对学生知识技能的培养向对学生进行综合素质培养的一种转变,这对新老教师都是一个崭新的课题,大家面对的也是同等的机会,谁对新课标的理解有灵感,谁就会抢得先机。尤其是如何培养学生的情感态度这一块,也许是仁者见仁、智者见智。总之,每一位教育工作者都应具有四种精神:一是认真执教的敬业精神,二是不甘落后的进取精神,三是甘为人梯的园丁精神,四是终身从教的奉献精神。

（四川省会理县第一中学　赵仕轩）